칭찬합시다 운동중앙회
나경택 총재가 제안한 국민의 소리

6개 정부에 고한

정책 상정

다섯 번째 묶음

| 소운 **나경택** 지음 |

순천세계수석박물관 추천

도서출판 조은

목 차

제2부 | 노무현 대통령의 '참여정부'

제3부 | 이명박 대통령의 '이명박 정부'

제4부 | 박근혜 대통령의 '박근혜 정부'

제5부 | 문재인 대통령의 '문재인 정부'

제6부 | 윤석열 대통령의 '윤석열 정부'

'정책 상정'을 펴내면서

나 경 택
칭찬합시다운동중앙회 총재

국가와 국민, 밝은 미래, 풍요로운 사회를 위해 1993년 2월부터 31년 동안 김영삼, 김대중, 노무현, 이명박, 박근혜, 문재인, 윤석열 대통령에게 국민의 소리로 저자가 정책 상정한 내용을 최초 책으로 발간하게 되어 감회가 새롭습니다.

집권하는 대통령께 국민의 지지를 바탕으로 이뤄져야 한다는 취지에서 민의를 청취하여 국민의 소리 정책을 상정했습니다.

대통령실과 각 부처 기관 지지와 성원으로 31년 동안 1,419회에 걸쳐 정책 상정을 했습니다.

대통령실의 부강한 한국을 건설하는 데 적극 동참함으로써 나라의 미래를 열어가는 주체가 되고 우리나라가 자자손손 풍요를 누릴 수 있는 세계 일류 국가로 발전하는 자양분이 될 것입니다.

앞으로도 격의 없는 제안과 비판을 겸허히 받아들여 국정 운영의 소중한 자산으로 삼을 것을 약속드립니다.

부처에서 평소 국정 운영에 관심을 두는 것에 대하여 감사의 말씀을 드리며, 앞으로도 국정 운영에 많은 성원과 질책을 바랍니다.

정책 모음집 출판을 도와주신 새한일보 신유술 회장님과 편집진에게 진심으로 감사드리며, 그동안 저를 아끼고 사랑해주신 모든 분이 항상 건강하고 가정에도 행복이 함께 하시길 진심으로 기원합니다.

감사합니다.

2023년 2월 13일

환영사

박 병 선

순천세계수석박물관 관장

저는 전남 순천시 상사면 오실길 117-5 3만여 평의 부지 위에서 세계 최초 세계 최고, 세계 최대의 수석박물관을 만들어 자연의 아름다움을 보여주는 오묘한 돌들을 많은 사람이 보고 인생을 성찰할 수 있도록 준비하고 있습니다.

지난 47년 동안 전국과 해외를 다니면서 자연 그대로의 수석을 8,000여점을 수집하면서 느낀 것은 세상의 모든 모습이 돌에 표현돼 있다는 것입니다. 돌들을 통해 우주의 삼라만상을 보는 것 같습니다. 저는 수석 한 점 한 점마다 의미를 부여하고 이름을 지어 주었습니다. 그 가운데 뛰어난 수석은 '신의 작품'이라고 부릅니다.

나 총재님은 지난 1984년부터 칭찬합시다 운동을 전개해 오신 분입니다. 확고한 국가관과 투철한 사명감으로 보이지 않는 곳에서 묵묵히 맑고 밝은 사회를 만들기 위해 맡은 바 직무에 성실하고 소외계층, 불우한 이웃, 양로원, 고아원, 장애인과 질병으로 고통받는 분을 보살펴 준 사람, 장기기증자, 의인 등을 추천받아 격려와 표창을 수여하고 사회봉사에 대한 진정한 보살핌과 삶의 가치를 느낄 수 있게 하자는 취지로 '칭찬합시다' 운동을 전국적으로 전개해오신 것입니다.

오래전 MBC 인기 방송 프로그램 〈칭찬합시다〉도 나 총재님의 제안과 아이디어로 시작되었다고 들었습니다. 남을 비방하고 헐뜯는 세태에서 칭찬운동은 우리 사회를 따뜻하고 정이 넘치는 사회로 만드는 데 크게 기여했습니다.

"칭찬은 고래도 춤추게 한다."는 말이 있는데 칭찬운동은 여야 정치권과 노사, 계층을 막론하고 긍정적 에너지를 창출하고 국민통합의 동력을 만들었습니다.

이와 함께 나 총재님은 김대중 정부에서부터 현 윤석열 정부까지 '대한민국 6개 정부에 건강한 대한민국, 행복한 대한민국, 번영하는 대한민국을 만드는 데 필요한 정책을 제안해오셨습니다.

그동안 제안한 정책을 읽어보니 지금 국회에서 추진하고 있는 망국적인 지역주의를 혁파할 선거 혁명을 주장하는 정치개혁부터 경제, 문화, 사회 등 우리 사회의 전 영역을 다루고 있는 것을 보고 대단한 탁견을 가진 우리 시대의 어른이라는 생각이 들었습니다.

또한, 국가 미래와 확고한 정치, 경제, 사회에 대한 높은 학식과 폭넓은 정치적, 사회적 경륜으로 오직 민주주의와 선진복지, 민족통일을 향한 대도를 의연하게 걸어온 현대 언론문화 창달과 발전 그리고 국가 경제성장의 고도성장을 이끌어가는데 가교역할을 해오셨습니다.

또한, 정부에 대한 정책 상정뿐만 아니라 국정 반영, 정치, 경제, 사회, 문화, 환경 등 전반에 걸친 칼럼, 사설 연재로 국정 반영, '자랑스러운 칭찬합시다 주인공' 발굴사업 및 표창장 수여, '자랑스러운 칭찬합시다(맛자랑 멋자랑)' 업체 선정, '칭찬릴레이운동' 등을 전국적으로 전개, '칭찬합시다운동'을 통해 소외된 가정 돕기 및 밝은 사회 만들기 사업에도 앞장서 오셨습니다.

초등학교 교장을 역임하신 나태주 시인이 쓴 〈풀꽃〉이라는 시는 "자세히 보아야 예쁘다/오래 보아야 사랑스럽다/너도 그렇다"라는 내용입니다. 제가 수집한 수천 점의 수석을 바라볼 때마다 이 시가 떠올랐는데, 이제 나 총재님도 떠올리게 될 것입니다.

나 총재님의 활동을 자세히 지켜본 분들, 나 총재님과 오랫동안 함께해 온 분들이 '정책 상정' 출판기념 후원회와 '칭찬대상' 시상식을 개최하면서 함께하게 되어 기쁘게 생각합니다. 출판을 축하드리며, 대상을 수상하시는 분들께 큰 격려의 박수를 보내드립니다.

2023년 2월 13일

추천사

희망을 꿈꾸는 내일이 있는 세상

서 정 숙
국민의힘 국회의원

'전인건강한 대한민국'을 꿈꾸는 국민의힘 서정숙 국회의원입니다.

다사다난했던 2022년이 저물고, 2023년 계묘년, 희망의 새해가 밝았습니다.

먼저, 칭찬합시다 5집 '정책 상정' 출판을 축하드리며 아울러 '칭찬합시다운동 중앙회'가 주최하는 '자랑스러운 칭찬 주인공 대상 시상식' 개최를 축하드립니다.

행사를 준비하신 나경택 총재님을 비롯한 '칭찬합시다운동 중앙회' 임직원 여러분들의 수고에 감사드리고 이 지면을 통해 새해 인사도 함께 드립니다.

'칭찬합시다 운동중앙회'는 지난 1984년 출범한 이래로 권력이나 물질이 전부가 아니라 칭찬하고 더 잘하라고 보듬어줌으로써 희망의 씨앗을 틔우는 사회, 다함께 사는 사회를 구현하기 위한 캠페인을 전개해 오고 있습니다.

또한, 우리 사회 보이지 않는 곳에서 묵묵히 맡은 바 직무에 성실하고 우리 사회에서 고통받고 있는 소외계층에 대해 사랑으로 이웃사랑을 실천하고 계신 분들을 칭찬하고 표창장을 수여함으로써, 선한 가치를 확산시켜 나가는데 노력하고 있습니다.

'칭찬합시다운동 중앙회'를 이끌고 계시는 나경택 총재님은 투철한 국가관과 애국심으로 '칭찬합시다' 캠페인을 전국적으로 확산시켜 나가는 중심적 역할을 다하고 계십니다.

이 지면을 통해 나경택 총재님의 '칭찬합시다 5집' 출판을 축하드리며, 앞으로도 우리 사회를 더 밝고 아름다우며, 희망을 꿈꾸는 내일이 있는 세상으로 만들어 나가는데 가일층 노력해 주실 것을 기대합니다.

'칭찬은 고래도 춤추게 한다'는 말도 있고,
'칭찬은 어떤 훈장과도 비교될 수 없을 정도의 큰 훈장이다'라는 말도 있습니다.

다시 한번, '자랑스러운 칭찬 주인공 대상' 시상식 개최를 축하드리며, 서로에게 힘이 되는 한 마디의 칭찬과 덕담으로, 2023년 새해를 밝고 희망차게 시작합시다.

올 한해 여러분의 가정과 일터에 행복과 보람이 가득하시기를 기원합니다. 감사합니다.

2023년 2월 13일

추천사

칭찬은 사람을 세운다

정 성 구
전 총신대, 대신대 총장

성경을 보면 칭찬이 사람을 세우고 희망과 용기를 주는 것으로 나와 있다. 그런데 오늘날 정치와 사회와 가정은 너무 날카로워져 있다. 특히 수단과 방법이 좋고 불법으로 일하는 사람은 돈도 잘 벌고 출세해서 정계에 나가서 일하지만, 실제로 부도덕하고 비윤리적인 것이 한두 가지 아니다.

한편, 정직하고 진실한 사람들은 묵묵히 자신에게 맡겨준 사명을 감당하고 있다. 이런 분들이야말로 격려와 칭찬과 위로가 필요하다. 가장 낮은 자리에서도 맡은바 소명을 감당하는 사람들 때문에 세상이 돌아가고 있고, 그들 때문에 아직도 세상은 살맛 난다.

우리 사회의 구석구석에는 부정하게 일하는 사람은 오히려 추앙받는가 하면, 정직하고 성실히 일하는 사람은 아무도 알아주지 않는 소외지역에 있다.

일찍이 나경택 총재님은 이 사회의 한구석에 인정받지 못했던 사람들을 가려내어 '칭찬합시다'의 주역으로 만드는 일을 벌써 수십 년을 해왔다. 그 범위는 정치, 경제, 정계, 사회, 문화, 예술, 종교,

언론에 이르기까지 광범위하게 꼭 칭찬받아야 할 분들을 발굴해서 표창패와 대상을 주어 밝은 사회를 이끄는 것은 놀라운 일이 아닐 수 없다.

특히 나경택 총재님은 언론인 출신으로 그 명쾌한 필치로 수필 또는 칼럼을 날릴 뿐 아니라, 대통령들에게 정책을 건의하고 각계 각 분야에서 우리 사회에 밝은 미래를 제시해왔다. 그리고 그는 이런 글을 하나로 묶어 책을 낸다고 하니 놀라울 뿐이다.

지난날, 이 글을 써서 칭찬한 모든 분 또한 함께 축하한다. 그의 글은 항상 긍정적이고 진취적이며, 밝은 내용이기에 이 책이 출판되므로 어두운 세상을 환히 밝히게 될 줄 믿는다.

이 세상에는 각 분야에 소외되고 인정받지 못한 사람들이라도 그 장점을 서로 칭찬해 줌으로써 더 밝은 세상을 만들 수 있다고 본다.

"사람이 그 지혜대로 칭찬받으려니와 마음이 굽은 자는 멸시를 받으리라" (잠12:8절)

2023년 2월 13일

추천사

국가와 국민의 행복 에너지가 되시길…

두 상 달
사)가정문화원 이사장

먼저 나경택 저자의 '정책 상정' 도서 출판을 진심으로 축하를 드립니다. 나경택 총재님은 지난 40여 년 동안 칼럼을 연재하면서 우리 사회에 막힌 곳은 뚫고 구부러진 곳은 펴, 밝은 사회를 구성하고 국민이 주인이 되는 사회를 만들고자 정론을 펼쳐오신 대한민국 국가에서는 없어서는 안 될 훌륭한 분이십니다.

특히 나 총재님은 언론인으로서, 그리고 칭찬 운동의 창시자로서 사명을 다하기 위해 정치, 사회, 경제 등 다양한 소재의 집필을 해왔음은 물론이고 또한 국민의 알 권리를 최대한 반영해 정치, 사회의 잘못된 점을 시정하여 더불어 다 함께 사는 사회를 이루는 데 일조를 해왔고 큰 업적을 남기셨습니다.

저도 얼마 전 두상달 장로 · 김영숙 권사, '바보야, 결론은 연극'이라는 도서를 출판하여 화재의 인물이 되었습니다. 음악에서 클라이맥스는 후반부에 있고, 운동경기도 그렇고, 인생도 마찬가지입니다. 끝자락이 중요하고, 인생 후반전 돈과 건강도 중요하지만, 가장 중요한 것은 배우자 100세 시대를 맞아 인생 후반기를 어떻게 살아야 하는지에 대한 고민에 속 시원한 답을 제시해 보았습니다.

우리가 인생 후반전 '얼마나 사느냐'가 아닌 '어떻게 사느냐'가 중요하다고 늘 강조한다. 인생 전반전을 관통하는 중요한 가치가 성장과 축성이었다면, 후반전에는 삶의 질과 행복과 보람과 이타적 삶이라며, “젊어서는 모으는 것이 미덕이었다면, 늙어서는 베풀고 나누는 것이 미덕”이다.

사람들이 “돈을 버는 것이 기술이라면 잘 쓰는 것은 예술”이다 “사용되지 않는 재산은 재산이 아닌 유산일 뿐이다. 인생의 후반전 재산가로 살 것인가. 유산가로 살 것인가”를 잘 선택하고 살아가야 한다.”라면서 저자는 전인미답의 장수 시대가 성큼 다가오고 있으며, 은퇴와 장수도 준비로 맞이해야한다. 은퇴와 장수가 준비된 자에는 축복이지만, 그렇지 못한 경우에는 축복이 아니”라며, 얼마나 사느냐가 중요한 것이 아니라, 어떻게 사느냐가 중요하다. 준비에 실패하는 것은 실패를 준비하는 삶임을 알아야 할 것입니다.

더 나아가 이 책에서 사람은 누구나 혼자 살아갈 수 없으며, 생활의 기본이 되는 가정을 든든하게 지탱해 온 ‘반려자야말로 자신의 노후를 좌지우지할 수 있는 존재임에도 많은 사람이 그것을 간과하고 있다는 사실을 예리하게 지적해 보았습니다.

‘정책 상정’ 저자이신 나경택 총재님은 지금까지 수많은 집필과 칭찬 운동을 하면서 칭찬 가족 여러분과 팬들의 성원에 더욱 용기를 가질 수 있었던 것이 오늘에 이르는 것 같습니다.

또 자신이 정부와 정치권의 바른 정치를 열망하는 언론인의 사명을 다하기 위해 역경에도 집필을 중단하지 않고 오늘 지금, 이 순간에도 최선을 다하고 있는 나경택 총재님에게 따듯한 격려의 박수를 보냅니다. 끝으로 ‘정책 상정’ 출판을 축하드리면서 지속해서 칭찬문화 정착을 위해 최선을 다하시는 모습에 아낌없는 찬사를 보냅니다.

2023년 2월 13일

추천사

‘정책 상정’ 국가와 국민을 위한 올바른 정책의 길잡이 되길…

문 종 호
(주)에코소재 대표이사
사)전국시도민향우회총연합중앙회 공동총재

먼저 국가와 국민을 위한 정책 제안은 영원해야 한다고 감히 말하고 싶으며, 겸하여 나경택 총재님의 ‘정책 상정’ 도서의 출판을 진심으로 축하드립니다.

저는 이번 “대한민국 자랑스러운 칭찬 대상 시상식 및 출판기념후원회 행사”에 대회장을 맡은 주식회사 ㈜에코소재 기업의 대표이사이며 사)전국시도민향우회총연합중앙회 공동 총재인 문종호입니다.

그리고 나경택 총재님의 ‘정책 상정’이라는 도서 이름이 참 독특합니다. 이번이 다섯 번째 출판하는 ‘정책 상정’은 그동안 코로나 19 때문에 많은 어려움이 있었음에도 불구하고 이번 책은 지난 나 총재님의 40여 년간 여섯 분의 대통령에게 정책을 제안한 것은 오직 대한민국의 변화를 이루겠다는 노력과 열정이 이 책 속에 고스란히 담겨 있다고 봅니다.

그리고 많은 사람이 정치와 정치인들에 대한 부정적인 시각을 극복하고, 그럼에도 불구하고 정치야말로 사회적 변화를 이끄는 중요한 수단이 될 수밖에 없음을 잘 알기에 대통령에게 올바른 정책들을 제안하기 위해서 더욱 열심히 글을 썼고 그 글들이 우리 정치 · 경제 · 사회의 변화를 끌어낼 수 있는 가교역할이 되었으면 하는 바람으로 이 책이 세상에 탄생하였다고 생각합니다.

이런 맥락에서 '칭찬합니다운동중앙회'가 1984년 출범한 이래 나경택 총재님과 임직원들의 노력에 힘입어 2004년 '대한민국 칭찬합시다' 특허를 2005년 서울시에 법인등록을 마친 비영리 단체로서 "자랑스러운 칭찬주인공 대상 시상식 및 출판기념 후원회"를 갖게 된 것을 매우 뜻깊게 생각하며 진심으로 축하드립니다,

또한 '칭찬합시다 운동중앙회' 나경택 총재님은 오직 국가관과 애국심으로 김영삼 전 대통령 문민정부 때부터 김대중, 노무현 대통령과 윤석열 정부에 이르기까지 정책 대안 1,410회를 청와대와 대통령실에 보냈으며 이와 관련된 칼럼 4,720편을 다수 매체에 발표하셨다는 대단한 기록에 다시 한번 축하와 경하를 드립니다.

또한, 오늘 수상하시는 여러분과 아울러 사회 각층에서 헌신하신 2,820명에게 '칭찬합시다' 표창 수상을 한 가운데 많은 사회 지도자가 수상을 하셨습니다. 이뿐 아니라 언론, 법조, 군인, 경찰 공직자뿐 아니라 평범한 일반 시민들에게도 '칭찬합시다' 표창과 감사공로패를 전했음에, 수상자 모두 우리 사회를 밝고 아름답게 이끌어 주신 큰 은인이라는 말씀을 드립니다. 감사합니다.

2023년 2월 13일

추천사

국가와 국민을 위한 바른 정책 제안이 되길…

문기주 후원회장
㈜크로앙스 · 일간경기신문 회장

나경택 총재님의 '정책 상정' 출판을 먼저 축하를 드리면서 이번 도서가 오직 국가와 국민을 위한 정책 제안이 되시길 기원합니다.

저는 이번 '2023 대한민국 자랑스러운 칭찬 대상' 시상식 및 출판기념 후원회 행사에 후원회장을 맡은 ㈜크로앙스 · 일간경기 회장으로 언론인으로서 언론문화 창달에 기여하며 스포츠 저변확대에 앞장서고 있는 '한국E스포츠진흥협회' 총회장으로 활동하고 있는 문기주입니다.

나경택 총재님이 그동안 사회 각층에서 헌신하신 2,820명에게 '칭찬합시다' 표창 수상을 한 가운데 이명박 전 대통령 고건 전 총리, 박관용 전 국회의장, 문희상 전 국회의장, 이용훈 전 대법원장, 고 김수환 전 추기경 등 사회 지도자들이 수상을 하셨습니다.

이뿐 아니라 언론 법조 군인, 경찰, 공직자뿐 아니라 평범한 일반 시민들에게도 '칭찬합시다' 표정과 감시 공로패를 전했다. 수상자 모두 우리 사회를 밝고 아름답게 이끌어주신 큰 은인이라 할 수 있습니다.

칭찬합시다. 운동중앙회가 1984년 출범한 이래 나경택 총재님의 오랜 세월 묵묵히 써오신 정책 제안들이 모여져서 '정책 상정' 도서가 출간되어 출판기념 후원회를 갖게 된 것을 매우 뜻깊게 생각하며, 진심으로 축하드립니다.

또한 '칭찬합시다운동중앙회' 나경태 총재님은 오직 국가관과 애국심은 김영삼 전 대통령 문민정부 때부터 윤석열 정부에 이르기까지 정책대안 1,410회를 청와대와 대통령실에 보냈으며, 이와 관련된 칼럼 4,720편을 다수 매체에 발표하셨다는 대단한 기록에 다시 한번 축하를 드립니다

'칭찬합시다' 표창과 시상은 계속되어야 합니다. 수상자 모두 우리 사회를 밝게 만드셨으며, 힘없고 소외된 이웃들에게 삶에 대한 의지를 주셨기에 우리는 헌신과 봉사 정신을 후대에 전할 수 있게 되었으니까. 얼마나 다행한 일인지 모릅니다.

끝으로 앞으로도 지속해서 전국에 있는 '칭찬주인공'을 찾아 '칭찬 대상' 수상도 계속 이어져야 하지만 '정책 상정' 출판은 계속 이어져야 한다고 생각합니다. 그리하여 우리나라 국가 정책에 반응이 되어 국민이 잘사는 나라를 만드는데 초석이 되었으면 하는 바람입니다.

2023년 2월 13일

격려사

칭찬합시다 운동중앙회!!

하 귀 호

GMS 세계선교회 전 이사장

이 세상엔 모임도 많고 조직도 많지만, 본회는 아주 특별한 모임이며, 조직도 멋지고 아름답다.

3가지로 축하와 격려를 드립니다.

Ⅰ [칭찬] 탈무드에서는 "세상에서 가장 존귀한 것이 혀이고 가장 사악한 것이 혀"라고 했다.

터툴리안은 "그리스도인은 태어나는 것이 아니라 만들어진다"고 했다.

이 운동으로 온 세상이 칭찬하는 사회가 되시기를 격려합니다.

Ⅱ [높임] 절뚝이 부인- 남편에게서 한 번도 생일 축하를 못 받던 부인이 어느 해인가 부인 생일에 케이크와 꽃다발을 안고 오다가 교통사고로 절뚝이가 됐다. 동네 나가니 절뚝이 부인으로 부른다. 그래서 미지로 이사 갑니다. 이사 가서 동네에 떡을 돌리니 남편은 무엇을 하는 분이냐? 물으니, 대학교수십니다! 그때부터, 교수 부인이 되었다.

남을 높이면 내가 따라 높아진다.

III. [낮아짐] 널뛰기에서 내가 낮아지면 상대가 올라가고 내가 높아지면 상대가 낮아진다. 남을 높여주는 것이 내가 높아지는 비결이다.

펭귄의 생존법은 허들링(Huddling)이다. 따뜻한 안의 펭귄과 추운 밖의 펭귄이 뒤뚱거리며 서로 자리바꿈이 집단적 혹한을 견디는 비결이다.

런던타임스에서 '친구가 무엇인가?' 공모 중.
1위, 온 세상이 내 곁을 떠날 때 내게로 다가오는 사람
2위, 내가 침묵할 때 나를 100% 이해해 주는 사람
3위, 나에게 기쁨을 공급해주고 나의 슬픔을 쪼개주는 사람

온 세상을 칭찬하는 사회, 모두에게 친구로 다가서는 '칭찬합시다 운동중앙회'의 멋진 정책이 되기를 바랍니다.

감사합니다.

2023년 2월 13일

정부에 대한 정책 상정

01

김대중 대통령의 '국민의 정부'

'국민의 정부'가 국민의 지지를 바탕으로 이루어져야 한다는 취지에서 민의를 청취하여 '국민의 소리' 정책을 상정합니다.

행정 개혁 없이는 살아남을 수 없다

국민이 바라는 현실을 직시해야 합니다. 공직자들은 국민이 내는 세금으로 월급을 받아 처자식을 먹여 살리는 국민의 고용자인데 자신을 망각하고 권위의식에 젖어 봉사를 못 할지라도 오히려 국가 경제와 사회질서를 좀 먹는데 앞 장서는 한심한 현실을 우리는 묵과할 수 없습니다.

지난해 어느 중소기업인 이 아무개 폭로가 우리 사회에 큰 충격을 주었습니다. 공직사회의 기업 골탕 먹이기 풍조와 부패 관행을 신랄하게 비판해 장안의 화제가 되기도 한 내용은 공장 건축을 둘러싸고 뇌물 공여와 청탁이 이어지면서 이 기업인에게 한이 맺히게 했습니다.

행정규제가 너무 많고 규정은 쓸데없이 까다로워 기업을 하기 힘들게 만들고 있는 현실입니다. 이런데도 공무원의 재량권에 편승해 뇌물을 주고받는 풍토가 우리 기업 경쟁력을 악화시키는 고

질병이 되고 있습니다.

지방 행정기관만의 병폐가 아니라 은행, 소방서, 세무서, 각종 검사소 등에도 뿌리 깊게 만연되고 있다는 점에서, 우리 경제의 고비용 저효율 구조를 걱정하지 않을 수 없습니다.

이 때문에 중소기업들이 외국으로 빠져나가는 경우가 많다고 합니다. 직무와 관련된 공무원 범죄가 근절되지 않는 것은 이들 권한이 그만큼 비대하다는 것을 의미하기도 합니다. 공무원을 대폭 줄이고 관치행정을 자율행정으로 전환해야 할 필요성을 피부로 느낍니다.

낭비투성이인 정부 공룡화된 관료 집단 비효율화 무사안일의 근본이 행정부를 개혁하지 않고서는 살아남을 수 없습니다. 특히 행정부 조직과 계층 간의 조정과 함께 공무원의 인력이 대폭적인 축소와 재배치가 없이는 정리해고제가 적당히 될 수 없습니다.

감시와 견제가 없는 권력은 부패하기 마련이며 부패의 예방과 치유는 그 궁극적 피해자인 국민이 참여하는 실질적 민주주의로 가능합니다.

직업공무원제와 신분보장제는 정치권의 입김이 강한 우리 관료 사회에서 긍정적인 측면이 있으나, 결과적으로 신분보장 틀 속에 안주해 각종 인허가, 예산 책정과 집행 등 불필요한 절차에서 단계마다 비리의 요인이 되는 규제 관행을 만들어 경제 파탄의 주범이란 비난을 피할 수 없게 만들어져 있습니다.

장밋빛 구호를 외치며 베짱이 흉내만 내다 갑자기 들이닥친 도산 위기를 맞아 허둥대고 있는 것과 같습니다. 우리가 살아남을 수 있는 길은 기업의 구조조정과 정부 조직의 대대적 구조 개혁을 통해 불필요한 기구 개편과 인원 정리, 규제 권한 축소 등의 개편이 우선 돼야 합니다.

또한, 헌법 개정 시 공무원의 신분보장을 조정하여 한 번의 공채시험 합격만으로 국가관과 투철한 사명감으로 국민에게 봉사하지 않는 공무원은 그 자리를 유지할 수 없게 해야 합니다.

21세기는 국민 중심 사회로 변해야 합니다. 국민은 행정의 객체가 아닌 주체이며, 단순한 납세의무자가 아닌 주인이며, 선거 때는 투표자이면서 민주 국민입니다.

1998년 2월 25일

만연된 인명 경시 풍조,
인간교육을 실시해야 한다

우리 사회에 만연한 이기주의 생활 태도를 돌아봅니다. 남을 존중할 줄 모르고 이웃을 사랑할 줄 모르며, 남이야 어떻게 되든 내 이익만 챙기면 된다는 이기심이 우리 생활 태도의 지배적인 특징이 돼버렸습니다.

청소년들은 사람의 생명을 파리 목숨처럼 가볍게 여기는 생명 경시 풍조가 무방비하게 노출되었고, 입시 위주 학교 교육은 실질적으로 인간교육을 포기한 상태입니다. 이 사회에서 우리는 소외되고 있다고 느끼고 있으며, 따라서 세상을 미워하고 원망하는 마음만 갖고 있다는 점을 지적할 수 있습니다.

일부 청소년들은 사회가 자신들을 받아주지 않기 때문에 세상을 향해 복수하듯 불특정한 다수의 사람을 해치는 범죄를 쉽게 저지르는 것 같습니다. 우리는 이번 기회에 우리의 교육제도와 환경을 획기적으로 개선해야겠습니다.

현재와 같은 입시 위주 교육은 하루속히 지양되고 인간교육을 지향하는 과감한 전환이 요구됩니다. 또한, 어린이들의 정서를 해치는 폭력 비디오와 불량 만화 등을 엄하게 통제해야 하며, 대신하여 청소년들의 건전한 문화 의식과 사회의식을 함양할 문화 시설과 사회교육 프로그램들을 많이 제공해야 합니다.

가난해서, 불구라서, 배우지 못해서, 나이 들어 의탁할 곳이 없어서, 부모를 잃고 외롭게 살아야 해서, 좌절에 빠지는 사람이 없도록 어려운 처지에 있는 사람들을 따뜻한 마음으로 보살피고 그들에게 미래에 대한 희망을 잃지 않도록 이끌어주는 공동체를 만들어야 합니다.

1998년 3월 3일

우리 사회는
도덕성 위기에 처해있다

황폐해진 도덕과 윤리를 다시 세우지 않고는 나라의 발전을 기약할 수 없습니다.

정치 경제 등 각 분야의 갈등을 주목하고 국민의 마음과 힘을 모아 다가올 무한경쟁 시대에 대비하려면, 우리 사회를 다시 하나로 묶을 가치와 공동체 이념을 창출해야 하는 절박한 시점에 와 있습니다.

사회가 발전하려면 구성원들이 정직하고 성실하고 근면하며 사회 법규와 윤리 도덕을 지키는 가치관이 절실합니다. 물질적으로 중요해도 도덕과 윤리가 무너져 내면세계가 황폐해진다면, 그 사회는 쇠락의 길을 걸을 수밖에 없습니다.

사회를 지탱하고 있는 원리와 원칙이 무시되고 무너지면 그 사회는 해체로 가는 내리막길을 걷게 마련입니다.

그러나 지금의 우리 사회는 정직하고 성실한 사람이 낙오자가 되는 불공정한 사회로 변하고 있습니다. 그동안 경제성장을 지탱해왔던 근면 성실, 80년대 민 주화 투쟁에서 분출했던 정의감과 도덕성은 어느새 빛이 바래고 사치와 인륜 타락의 끝없는 이기심이 만연하기에 이르렀습니다.

세상을 이처럼 황폐하게 만들고 이기주의와 졸부 근성과 끝없는 갈등을 우리 사회에 만연시킨 데는 정치권의 책임이 큽니다.

우리의 정치는 그간의 민주화 열기를 숭고한 조국애로 승화시키지 못하고 왜곡된 정쟁의 도구로 전락시켰습니다. 정직하고 근면 성실한 사람이 공정한 배분으로 보급받는 사회를 만드는 데 실패했습니다.

자기에게 유리하면 정당 옮기기를 밥 먹듯 하고 모든 갈등을 정권 경쟁에 이용하는 과거 정치권의 모습을 보면, 국민은 어느새 과정보다는 결과가 중요하며 수단 방법을 가릴 것 없이 먼저 차지하는 것이 최고라는 그릇된 생각에 익숙해졌습니다.

격변하는 세계 속에 국가의 흥망이 무상한 역사를 되돌아보면 우리가 후손에게 물려주어야 할 유산은 물질적 풍요가 아니라 정직 근면하고 공평무사한 도덕심입니다. 해이해진 사회기강과 무너진 도덕을 바로 세워 이를 정신적 유산으로 지키고 가꿔야 합니다. 그렇지 않고서는 60년대 이후 우리가 살아온 경제적 축적도 지켜나가기 어렵습니다.

흔히 '타인은 자기를 비추는 거울'이라고 하지 않습니까? 남의 모습으로부터 자기를 비추고 반성할 때 사회는 더욱 건강해지고 미래의 앞날을 자신 있게 맞이할 겁니다.

불투명한 정치의 시기, 경제난국의 시기일수록 공정한 정치, 도덕과 윤리의 선양, 자유롭고 골고루 잘 사는 공동체 의식의 함양이 어느 때보다 절실합니다.

1998년 3월 11일

학교 폭력
더는 방치할 수 없다

김대중 대통령께서는 부처 업무보고를 받으시면서 공직자 쇄신과 인간답게 살 수 있는 세상을 위해 국가가 국민을 위해 봉사해야 한다고 말씀하셨습니다.

중학생이 후배를 폭행해 자살하게 하고 동네 선배가 말을 잘 듣지 않는다며 후배를 땅에 묻어 공포에 질리게 하는 등 10대 폭력이 날로 흉포화하고 있습니다. 학교 폭력이 사회문제화된 지 오래여도 학교 현장에는 급우 괴롭힘이 근절되지 않고 폭력이 학교 안에서 자행된 것입니다.

학교 당국은 무얼 했고 이 사태에 이르기까지 급우들은 무얼 하고 있었습니까? 학교 당국과 검경이 교내외 폭력을 일소하겠다고 다짐한 지 3년이 넘었습니다. 그동안 정신병원에 입원한 학생이 있는가 하면, 교내폭력에 시달리는 아들을 다른 학교로 전학시키거나, 이민을 떠난 사연도 있습니다.

이젠 뭔가 달라졌을 때도 됐건만 이번엔 강원 태백에서는 말을 잘 듣지 않는다는 이유로 후배 초등학생을 땅에 묻고서 나오지 못하도록 흙 위에 돌을 올려놓는가 하면 왼쪽 팔에 문신까지 새긴 사건, 전남 순천에서는 카세트 변제 요구에 응하지 않는다고 폭행당해 이를 견디지 못해 극약을 먹고 자살하는 사건, 울산에서는 상습적으로 폭행에 시달려 투신자살이 벌어졌습니다.

이처럼 학교 폭력이 근절되지 않는 데는 주변의 책임도 있습니다. 무려 2년간 지속된 폭력인데 급우들이 몰랐을 리 없습니다. 내가 당하는 일이 아니라며 나서지 않았고 보복이 두려워 침묵했습니다.

학교는 옳고 그름을 가르치는 교육 현장입니다. 폭력에 시달리는 급우를 보면서 방치했다면 이번 자살은 학교 전체가 책임질 일이라 볼 수 있습니다.

경찰의 단속에는 한계가 있습니다. 교사들의 적극적인 감시와 훈도 없이는 교내폭력을 적발할 수 없습니다. 학교란 소수의 폭력이 기생하는 곳이 아니며, 폭력에 기죽어야 하는 곳도 아닙니다.

교사, 학부모, 학생이 앞장서 교내폭력을 막아내는 선도적 역할을 해야 이 같은 비극이 되풀이되지 않을 겁니다.

또한, 지금까지 정부는 교육자의 정년퇴임 시 학생들의 지도육성과 사회에 공헌한 공적을 높이 평가하여 훈포장, 표창 등을 수여해왔는데, 과연 표창을 받을만한 소임을 다했다면 우리 사회의 청소년 문제가 이 지경으로 흉포화되지 않았을 것입니다. 다시 한번 생각해봐야 할 때입니다.

저는 오랫동안 김대중 대통령을 존경해오면서 민주화 투쟁을 하다가 피해도 봤으며, 우리 사회에 불우한 이웃과 소외계층, 질병으로 고통받는 분들을 위한 봉사활동에 전념하면서 우리 사회 저변의 민의를 청취, '국민의 정부'가 국민의 신뢰를 얻어야 한다는 취지에서 이 글을 씁니다.

1998년 6월 25일

민주화 투쟁
희생자 보상 환영

김대중 대통령께서는 독재의 탄압과 횡포를 이겨내고 민주화를 실현해낸 자랑스러운 국민이라고 말씀하셨습니다.

군사독재 시절 민주화 운동을 하다 숨지거나 다친 사람, 투옥되거나 직장에서 쫓겨나는 등 불이익을 당한 사람들에게 실질적으로 보상할 길이 열렸습니다.

민주화 운동 관련자 명예 회복 및 보상 심의위원회가 마련한 법률 개정안은 그동안 법 절차의 미비로 논란이 되어온 명예 회복과 보상금 지급의 구체적 방안을 마련했다는 뜻이 있습니다.

기존의 민주화보상법은 관련자의 명예 회복과 보상을 규정하고 있으나, 기준이 불명확해 실질적 보상이 이뤄지지 못했다는 지적을 받아왔습니다.

개정안은 또한 민주화 운동 범위를 넓혀 국가권력이 학교, 언론, 노동 등 사회 각 분야에서 발생한 민주화 운동을 억압하는 과정에서 행한 폭력에 항거한 경우까지 포함했습니다.

이 개정안이 확정되면 1999년 이후 지금까지 심의위에 의해 민주화 운동 관련자로 인정된 1,208명이 5천만 원에서 최고 1억 원까지 보상받게 될 것이며, 이 밖에도 특별사면과 복권 건의, 복직과 복학 등을 권고할 수 있도록 명예 회복 절차를 명문화했으나 법안을 마련할 위원회 측에서는 보상금 신청이 올해 말까지로 되어있는 만큼 의원입법으로 조속히 처리되어야겠습니다.

2001년 8월 10일

정쟁 중단
민생과 경제 살리자

김대중 대통령께서는 우리나라에 여러 문제점과 좋은 점이 있는데 문제점은 정치가 불안정한 점이라고 말씀하셨습니다.

우리 정치문화가 건전한 토론과는 거리가 멀지만, 요즘엔 더욱 말꼬리 잡기식 비방에 정치판이 전쟁터를 빰칠 지경이 돼버렸습니다.

자기 쪽에 대한 비판은 말할 것 없고 아무리 그것이 선의의 문제 제기일지라도 비위에 맞지 않으면 즉각 융단폭격으로 상대의 숨통을 끊어버려야만 직성이 풀리는 식이며, 이런 싸움판이 정치권에 그치지 않고, 무슨 단체와 각계 지식인, 전문가 그룹까지 뒤엉켜 난장판이 돼버리는 형국입니다.

과거에도 저질 정치라고 국민이 손가락질하면 잠시 주춤하다가 다시 사생결단의 혼탁으로 돌아갔기 때문입니다. 상대방 흠집 내기를 통해 반사이익을 챙기려는 정치권의 고질적인 중증 때문입니다. 논쟁거리가 될만한 사안이면 비방부터 해놓고 이슈를 선점해 정치적 실리를 챙기겠다는 계산 때문입니다.

무엇보다 내 편 저쪽 편 나누기에 열심이고 자기한테 유리하게만 들여다보는 아전인수식 접근 태도에 국민은 지긋지긋해서 합니다. 사회 갈등과 이해관계를 적절히 조율해 조정 쪽으로 가는 정치의 모습을 대부분 국민은 포기하고 있습니다. 삼복더위도 아랑곳없는 정치의 이런 이전투구 속에서 정작 실종돼버린 것은 민생과 경제이며, 대북 관계를 비롯한 안보, 외교 등 국가적 과제들입니다.

이대로 가다가는 차기 정권에서 누가 집권해도 성공적으로 국정을 추진할 수 없음을 명심해야 합니다. 정치권은 모든 대화 채널을 가동해 '민생정치'로 복귀하는 데 총력을 기울여 주기를 바랍니다.

2001년 8월 15일

공직기강 바로 잡자

김대중 대통령께서는 무엇보다도 화합의 정치를 할 것이며, 모든 분야에서 국민이 화합하게 하고 여야 간도 화합의 정치를 펴나가겠다고 말씀하셨습니다.

시민단체들이 본연의 다양성과 순수성을 상실하면서 정체성의 위기를 맞고 있다는 한 시민운동가의 자기 성찰적 비판은 시민운동의 현주소와 지향점을 점검해보는 좋은 계기가 될 수 있습니다.

우리 사회는 80년대를 지배했던 이념적 변혁 운동이 퇴조하고 환경, 여성, 지역, 소비, 문화 운동 등이 활발하게 전개되고 있으며, 이들 시민운동 단체들은 우리 사회에 '풀뿌리 민주주의'를 도입하고, 환경과 경제정의를 비롯한 새로운 의제를 제기하면서 사회발전에 크게 기여해 왔습니다.

그러나 일부 운동가 중심의 폐쇄성과 지나친 편 가르기 등 문제점이 드러나면서 최근 들어 시민운동단체들에 대한 비판적인 논란들이 퍼진 바 있습니다. 시민운동에서 가장 중요한 시민이 빠져있는 결과가 아닌가 반성해 보면서, 지금도 보이지 않은 곳에서 우리의 삶의 질을 개선하기 위해 헌신하고 있는 단체들을 생각해 봅니다.

우리는 지난 총선에서 시민 연대의 낙천 낙선 운동을 계기로 시민단체가 전 개해 온 정치개혁 운동에 대해 누차 그 시대적 의미와 당위성을 강조해 왔습니다.

시민단체에 거는 기대가 커질수록 시민단체들은 시민운동의 순수성과 도덕성이 퇴색되지 않도록 부단한 자기 개혁 노력을 기울여야 합니다. 아울러 시민단체들의 허심탄회하고 진지한 대화와 토론이 이뤄져 다양성과 자율성 속에 '시민 있는 시민운동'이 꽃피기를 기대합니다.

2001년 8월 20일

시민운동 새롭게 태어나자

김대중 대통령께서는 정부가 민주화 운동 유공자의 명예 회복과 보상에 관심을 쏟는 일은 당연한 책무이며, 우리 사회가 이 정도 민주화된 데는 많은 사람의 희생과 고통이 밑거름이었다는 사실을 잊어선 안 된다고 말씀하셨습니다.

엄혹한 군사독재 시절 억눌리고 답답한 가슴에 한 가닥 숨통을 트게 한 것은 민주화에 대한 간절한 소망이었습니다. 총칼로 정권을 잡은 몇몇 권력자가 나라를 좌지우지하던 그 암울한 상황을 돌이켜보면 우리는 이 땅의 민주화를 위해 헌신한 이들에게 빚을 지고 있는 것입니다.

민주화를 위해 희생을 감수한 사람들에 대한 합당한 예우와 적절한 보상은 민족혼을 바로 세우는 길입니다. 정부와 여야는 이 법안이 하루빨리 국회를 통과해 확정되도록 지원을 아끼지 말아야 할 것입니다.

2001년 9월 20일

회계 조작
엄중 처벌 경제 살린다

김대중 대통령께서는 돈을 벌 수 있는 기업은 과감하게 지원하고 돈 벌 가망이 없는 기업은 단호하게 퇴출하겠다는 방침에는 추호의 차질이 없다고 말씀하셨습니다.

금융당국이 분식회계 혐의가 있는 13개 기업에 대해 철퇴를 내렸으며, 이들 기업 중에는 이름만 들어도 알 수 있는 대기업 그룹의 계열사도 들어있어 매우 충격적입니다.

IMF 이후 우리나라는 사회 전반의 투명성 제고가 위기 극복을 위한 최우선 과제로 꼽혔으나 아직 기업의 분식회계가 횡행하고 있음은 정말 유감입니다.

기업의 회계 처리 투명성은 기업의 생존을 좌우하는 절대조건입니다. 이는 우리가 외환위기를 전후해 무수한 기업들이 무너지는 과정에서 엉터리 눈속임 회계의 폐해를 뼈저리게 체험하면서 얻은 교훈임에도 아직도 기업들이 분식회계의 유혹에서 벗어나지 못하고 있다는 것은 매우 유감스러운 일입니다. 이 때문에 한국경제의 대외 신임도가 떨어지는 결과를 낳고 있습니다.

검찰에 고발 또는 통보된 일부 경우는 장부 조작의 전통적인 사례입니다. 이들은 회계장부에 가짜 예금을 기록해놓고 이를 은폐하기 위해 예금통장 사본을 조작하는 등 문서조작까지 서슴지 않았으며, 과거 대우와 새한그룹의 분식회계를 연상시키는 이 같은 사례는 명백한 범죄행위인·만큼 재발 방지를 위해 엄중한 처벌해야 할 것입니다.

이번 분식회계 적발은 앞으로 우리 기업이 구태에서 벗어나는 중요한 계기가 돼야 하며, 이를 위해 정부와 기업은 감사 선임제도 개선과 집단 소송제도 도입 등을 통해 기업회계의 투명성을 높이기 위한 노력에 더욱 박차를 가하길 당부하며, 재계 스스로 회계의 투명성을 높이기 위해 정진해야 합니다.

2002년 4월 5일

재소자들
질병 고통 사각지대

김대중 대통령께서는 약자들의 권리를 지켜주는 것이 중요하다고 말씀하셨습니다.

교도소, 구치소에 수용된 재소자들이 의료 사각지대에 놓여 있습니다. 교도관 잘못이기보다 부족한 의료인력과 예산 등 구조적 이유 때문입니다.

국가인권위원회 보고서에 따르면 지난해 7월 현재 전국 44개 구금시설(유치장, 군 교도소 제외)의 의료인력은 모두 130명, 이중 의사는 53명뿐으로 의사 한 명이 진료해야 하는 재소자는 1,183명에 이릅니다.

작년 11월 도로교통법 위반으로 복역 중이던 조 모 씨는 올 1월 3일 가슴에 통증을 느껴 구치소 의무과를 찾았으나 의무과 직원은 소화불량이라며 의사 진찰 없이 소화제, 설사약을 처방했는데, 통증은 가지 않았고 아무것도 먹지 못한 채 누워 있었다고 합니다.

동료 재소자들까지 나서 도움을 호소했지만, 의사는 사흘이 지난 6일이 돼서야 조 씨를 진찰했습니다. 한 명뿐인 의사가 철야 근무를 하고 대휴한 데다 토요일까지 겹쳤기 때문입니다.

결국, 조 씨는 밤새 호흡곤란 증세를 보이다 6일 오전 인근 병원으로 후송됐으나 숨졌습니다. 부검 결과 사인은 심근경색으로 인권운동 사랑방에 접수된 사례입니다.

다행히 구금시설 담당 의사가 병의 심각성을 제때 파악 외부 병원으로 후송을 허락해도 모든 재소자의 적절한 치료를 받을 수 있는 것은 아닙니다. 국민 건강보건법에 의해 재소자들은 국외 거주자와 같은 급여 정지자로 분류돼 보험 혜택을 받을 수 없습니다.

정부는 재소자들이 외부 병원을 이용할 때 의료비의 절반 정도만 지원하고 있어 형편이 어려운 재소자들은 제대로 치료받을 수 없습니다.

최근 3년간 외부 의료시설을 이용한 재소자 21,400명의 치료비 564천여만 원 중 국가부담금은 286천여만 원이었습니다.

지난 7월 거식증, 우울증으로 병원 치료가 필요하다는 인권위 권고에 따라 다음 달 초까지 한시적으로 풀려난 육 모 씨는 돌봐줄 가족이 없는 데다 간병인을 구할 형편도 못돼 적절한 치료를 받지 못하고 개인병원의 폐쇄 병동에 갇혀 지내는 처지입니다.

재소자들이 질병으로 고통을 감수하거나 생명에 위협을 초래하는 일이 없도록 당국의 대책이 시급합니다. 질병으로 고통받는 재소자가 없이 수형 생활을 건강한 몸으로 마치고 다시 사회의 한 사람으로 생활할 수 있도록 제도개선을 바랍니다.

2002년 10월 10일

단체장 비리
특단의 대책 절실

김대중 대통령께서는 임기가 끝나는 날까지 국민이 부여한 책무에 최선을 다하겠다고 말씀하셨습니다.

현직 판사 2명과 변호사 등 9명의 군 법무관 출신 법조인들이 군 검찰권 및 재판권 행사의 공정성과 독립성을 확보하기 위해 군 사법제도의 전면 개혁을 촉구하고 나섰습니다.

전직 군 법무관들이 스스로 군 복무기간 동안 군 조직의 상명하복 체계로 법 운용의 엄정함과 공정성을 잃는 경우가 있었다며 밝힌 군 사법제도 운용 실상은 너무나 심각합니다. 오죽하면 군을 떠난 이들이 과거 자신들의 치부까지 드러내며 집단행동에 나섰겠습니까?

우선 개선되어야 할 것은 군 검찰관의 직무 독립성 제고입니다. 군 형사사건의 경우 부사관, 장교 등 간부들에 대한 기소는 사단장과 군단장 등 지휘관 결재를 얻어야 합니다. 이러다 보니 의문사, 독직, 군납 비리 등 부대 혹은 지휘관에 대한 평가에 영향을 미칠 수 있는 사건에 대해서는 은폐, 축소하려는 외압이 발생할 수밖에 없습니다. 군 검찰이 군 비리에 대한 제보와 첩보를 입수, 인지 수사를 하려 해도 수사 방향이 왜곡되거나 수사 자체가 중단되는 경우가 적지 않은 것은 이 때문입니다.

군 수사나 재판에 외압을 차단하려면 군 검찰과 군사법원이 사실상 부대 지휘관 법무참모의 산하 기구나 마찬가지인 현행제도를 고쳐야 합니다. 사단장 이상 지휘관이 군사법원에 선고한 형량을 감경할 수 있는 '지휘관 확인조치권'도 남용의 소지가 크다는 점에서 폐지되어야 합니다.

전시나 비상사태가 아닌데도 군 지휘관이 수사나 재판에 영향력을 행사하는 한 사법 정의 실현은 요원합니다. 차제에 군 사법제도를 근본적으로 손질해 군 내부 비리 축소나 은폐의 소지를 줄여야 합니다.

2002년 11월 5일

'칭찬합시다'
시대가 요구하는 운동

김대중 대통령께서는 국민 속에 들어가 국민이 무엇을 생각하고 원하는지를 알아 정책에 반영하겠다고 말씀하셨습니다.

본회는 1998년 2월부터 5일 주기로 '국민의 정부'가 국민의 신뢰를 얻어야 한다는 취지에서 우리 사회 저변에 산재해 있는 국민의 여론을 청취하여 정책 자료 '국민의 소리'의 글을 현재까지 345회 상정했습니다.

저는 소외계층과 불우한 이웃 곧, 양로원, 고아원, 장애인, 질병으로 고통받는 사람들을 위해 30년 넘게 봉사활동에 전념하여 수천 명의 인명을 구제하고, '칭찬하는 사회, 칭찬받는 사회'를 만들기 위해 '칭찬합시다', '도덕성 회복', '기초질서 지키기', '바르게 살기', '국민화합' 등의 운동을 전개해 왔습니다.

또한, 사회 전반에 국가관이 확고하고 투철한 사명감으로 직무에 충실하며 민 봉사에 앞장선 사람을 찾아 격려하면서, 이들에게 삶의 보람과 용기를 주었습니다. 올바른 사회 분위기를 조성하면서, 희망과 용기가 넘치며 진정한 주인 이 되는 사회를 만드는 데 주력하고 있습니다.

1982년 9월부터 20년 동안 본회는 1,200여 명을 칭찬하고 표창했습니다. '칭찬합시다' 운동을 시대가 요구하는 운동으로 성원해주신 대통령, 대법원장, 국 회의장, 국무총리, 각 부처 장관, 서울특별시장, 고등법원장, 검찰총장, 육군참모총장, 경찰청장, 서울중앙지방법원장, 서울지방검찰청검사장, 서울시 교육감, 서울지방경찰청장, 각 경찰서장, 기관장, 언론사 사장, 기업 대표님께 진심으로 머리 숙여 감사드립니다.

삶에 지치고 피곤한 사람들에게 희망과 용기를 줄 때 진정한 가치를 드러낸 보람으로 살아오고 있습니다. 권력이나 물질이 인생의 전부가 아니고, 남을 칭찬하는 것은 그보다 몇백 배 값지고 행복한 일입니다.

칭찬할 사람을 찾아 "어둠을 밝히는 광명의 촛불이 되겠다"라고 다짐하면서 오늘도 사회 전반에 칭찬할 사람을 찾으러 출발합니다.

2002년 10월 20일

정부에 대한 정책 상정

02

노무현 대통령의 '참여정부'

'참여정부'는 국민의 지지를 바탕으로 이뤄져야 한다는 취지에서 민의를 청취하여 '국민의 소리'를 상정합니다.

장사꾼으로 전락해버린 변호사

노무현 대통령께서는 강자의 횡포를 용납하지 않는 시민적 용기가 건강한 민주사회를 만든다고 말씀하셨습니다.

검찰이 발표한 법조비리 수사 결과는 우리나라 변호사 윤리 의식의 현주소를 적나라하게 드러냈습니다. 법률 파수꾼이 아니라 법률 장사꾼으로 전락해버린 변호사들의 도덕적 해이가 더 이상 방치할 수 없는 수준임을 말해주고 있습니다. 기본권 옹호와 사회질서 유지라는 변호사 의무를 명시한 변호사법이 이들에겐 돈벌이 수단에 불과했다는 점에서 큰 분노가 치솟습니다.

비리 유형도 가지가지입니다. 브로커에게 알선료를 주고 사건을 수임했고, 사법연수원을 갓 졸업한 변호사가 월 5백만 원을 받고 사무장에게 고용된 일도 있었습니다. 심지어 수감자를 주 2~3회 면회하고 월 2~3백만 원 받는 '집사 변호사'까지 등장했으며, 이 중에는 수감자에게 휴대전화를 건네 바깥의 재산 관리까지 하도록 도와준 변호사가 있었다니 기가 찰 노릇입니다.

법조비리가 왜 이처럼 되풀이되고 있는 겁니까? 변호사들의 윤리 의식 부재가 가장 큰 원인이겠으나 비리 법조인에 대한 사법부 등의 솜방망이 처벌도 문제입니다. 이번만 해도 검찰은 적발된 변호사 7명 가운데 4명에 대해 구속영장을 청구했으나, 법원이 1명에 대해 구속영장을 기각한 데 이어 2명을 구속적 부심과 보석으로 풀어줘 1명만이 구속됐습니다.

문제의 심각성은 이 같은 변호사 비리가 앞으로 더욱 늘어날 수밖에 없다는 점에 있으며, 사법시험 정원 1천 명 시대에 접어든 데다 법률시장까지 개방되면 변호사들의 수임 경쟁은 더 가열될 수밖에 없습니다.

법조비리가 법조 주변의 관행으로만 치부할 수 없는 지경입니다. 변호사 비리 전담 수사기구 등 상설 감시체제를 구성해야 합니다. 변협도 징계를 강화해 비리 변호사를 과감히 퇴출하고 명단을 공개하여 법조 문화를 바로 세우고 법률 소비자를 보호해야 합니다.

2003년 11월 10일

화염병 시위
용납될 수 없다

노무현 대통령께서는 대화와 타협을 거부하는 집단에 대해서는 단호하게 법과 원칙으로 대응해 나갈 것이라고 말씀하셨습니다.

민주노총 서울 도심 집회에서 화염병이 다시 등장했다는 자체도 문제이고, 폭력에 의존해 문제를 해결하려는 생각이 우리 주변에 여전히 존재한다는 점에 서 더욱 그렇습니다.

참석자들이 화염병 외에도 쇠파이프와 새총, 각목을 휘둘렀다니 여론의 눈총을 피할 수 없는 현실입니다.

인제 와서 경찰의 과잉 진압 때문에 폭력시위가 발생했다고 그 책임을 경찰에 전가하는 몰염치를 보였으니 그들의 시위 이유가 아무리 정당한들 국민에게 설득력이 없습니다.

폭력시위로 인하여 증권시장 외국자본의 하락하고, 이어 한국의 국가 신인도가 흔들리고, 기업은 내일을 기약할 수 없게 되었으니, 이 파도는 맨 먼저 노동자를 삼키게 될 것입니다. 그걸 뻔히 들여다보는 노조 지도부가 이렇게 나오는 것은 멋을 내겠다는 것인지 아니면 노동자의 희생을 딛고서라도 얻어야 할 다른 목표가 있다는 것인지 참으로 알다가도 모를 일입니다.

법 집행을 방해한 세력을 철저하게 응징해야 국가의 기강이 바로 서며, 민주주의와 국가의 기강은 다른 것입니다. 민주주의의 명분을 업고, 공권력도 무사할 수 있다는 발상이 판치면 결국 나라는 무질서에 빠져들 수밖에 없습니다.

정부는 폭력시위를 준비하고 지시한 세력을 끝까지 추적해 엄단하고, 집회를 개최한 민주노총 지도부에 책임을 묻는 것은 너무 당연합니다. 집회에 동참한 한총련과 전교조 등 다른 단체의 위법성도 그냥 지나쳐서는 안 됩니다.

2003년 11월 25일

행정수도
국가백년대계를

노무현 대통령께서는 권력기관은 국민을 위한 기관으로 거듭나야 한다고 말씀하셨습니다.

신행정수도 재고를 촉구하는 '국민 포럼'이 행정수도 건설에 반대하는 성명을 냈습니다. 전문지식과 경륜을 두루 갖춘 원로학자 74명이 그 중심이라는 사실 만으로도 성명은 주목할 만합니다. 내용 또한 상당한 타당성이 있는 만큼 정부는 겸허히 귀 기울여야 합니다.

정부가 구상하고 있는 행정수도는 인구 50만 명의 신도시로 건설비용은 45조 6천억 원이 된다고 하는데, 50만 명은 서울 인구의 5.0%, 서울 인천 경기 등 수도권 인구의 2.2%에 불과합니다. '국민 포럼'은 이 정도의 인구를 빼내기 위해 행정수도를 만들 명분이 없다고 했습니다.

정부가 행정수도 이전을 추진하면서 제대로 된 여론 수렴 과정을 거치지 않았기에 원로들의 '고언(苦言)'은 설득력이 있습니다. 국가백년대계를 좌우하는 수도 이전을 전문가와 국민이 충분히 따져볼 겨를도 없이 일사천리로 추진해서야 되겠습니까?

수도권에 인접한 충청권으로의 행정수도 이전은 오히려 수도권 확장에 그칠 뿐 지역 균형발전 명분에 어긋난다는 '국민 포럼'의 지적이 이를 뒷받침합니다.

성급한 결정 후 공사 도중 반발에 부딪히거나 타당성의 근거가 흔들려 천문학적인 예산만 낭비하면서 이러지도 저러지도 못하는 국책사업이 적지 않습니다. 정부가 우격다짐으로 시작해놓고 정권이 바뀌어 중단될 경우도 생각해야 합니다. 시화호 등의 경험을 통해 졸속 결정해 막대한 사업비를 투자하고 나중에 어쩌지도 못하는 사례를 많이 보았습니다.

행정수도 건설은 쫓기듯 서두를 일이 아니며, 필요하다면 내년 4월 이후 국민투표에 부치는 것도 한 방법입니다.

2003년 12월 10일

세상을 밝혀주는 아름다운 손들

노무현 대통령께서는 우리는 고급 두뇌와 창의력, 세계 일류의 정보화 기반을 갖추고 있다고 말씀하셨습니다.

검은돈, 더러운 손이 세상을 어지럽혀 사람들의 마음이 어두운 요즘 평생 애써 번 돈을 장학사업에 내놓은 아름다운 손들이 있어 어둠을 밝혀주고 있습니다. '백년대계'인 후학 교육에 쓰라고 아낌없이 사재를 환원한 송금조(주) 태양 회장과 이상철 (주) 현진어패럴 사장의 미담은 가진 자의 사회적 책무가 무엇인지를 보여주는 좋은 본보기입니다.

더욱이 와병 중인 송 회장이 부산대와 경암교육문화재단에 기증한 1,305억 원은 그의 전 재산입니다. 자수성가한 기업가로 종이 한 장도 아껴 쓰며 '자린고비', '구두쇠'라 불리기를 마다하지 않으면서도 '교육이 잘 돼야 나라가 부강해진다' 라는 신념을 실천한 것입니다.

이 사장도 어학연수 중에 숨진 둘째 딸을 영원히 곁에 둘 방법을 찾다가 시민들이 누구나 사용할 수 있는 구립도서관을 짓기로 했다고 하니, 참된 자식 사랑이란 가정의 울타리를 넘어 사회와 나눔 속에 있음을 이들은 말없이 보여주고 있습니다.

교육은 '가난 세습'을 막는 유일한 사회적 장치일 뿐 아니라 계층 간의 위화감이 점점 깊어져 가고 있는 우리 사회를 미래지향적으로 통합할 수 있는 열쇠이기도 합니다. 교육행정가와 공교육을 담당하고 있는 교육자는 과연 나라를 부강하게 만드는 교육을 하고 있는지 되돌아볼 필요가 있습니다. 불행히도 대부분 '제 자식 살리기'만을 염원할 뿐, 사회에 눈을 돌리지 못하고 있습니다.

기부는 있는 자만이 하는 것은 아닙니다. 각자의 자리에서 따뜻한 마음만 있다면 이웃을 위해 할 수 있는 일이 너무 많습니다. 이런 마음이 합쳐지면 우리 사회의 갈등은 자연스럽게 치유될 수 있을 것입니다.

2003년 11월 15일

가난과 질병으로 가족이 해체

노무현 대통령께서는 서민이 살아야 나라가 선다면서, 무슨 일이 있어도 서민 생활을 안정시키는 데 힘쓰겠다고 말씀하셨습니다.

한국을 복지 사회라 할 수 없는 사회적 약자들에 대한 정책과 제도의 보살핌이 미치지 못하는 구석이 여전히 많습니다. 아무리 국가가 애를 쓰더라도 소외되고 가난한 사람들은 언제 어디서나 있게 마련이라는 말이 너무 밉습니다. 최근 몇 년간 우리 경제가 요동을 치면서 국가와 직장, 이웃으로부터 소외당한 채 어려움을 겪고 있는 사람들이 부쩍 늘었습니다. 겨울밤 도심의 지하도에 몸을 뉘어야 하는 사람은 그중 극히 일부이고, 여름철 수해의 고통에서 아직 벗어나지 못하고 있는 사람들도 적지 않습니다.

여든을 눈앞에 둔 할머니가 가정 형편에 부담이 된다는 이유로 열 살 먹은 1급 장애인 손녀에게 청산가리를 먹여 숨지게 했습니다. 끔찍하다는 생각과 함께, 얼마나 눈앞이 캄캄하면 이런 일을 저질렀겠느냐는 안타까운 생각을 불러일으킵니다. 자녀 셋을 둔 아들 부부는 장애인 딸을 치료하느라 수천만 원의 빚을 지게 됐고, 보증 때문에 형제간에도 틈이 벌어졌다고 합니다.

이번 사건은 질병과 가난, 거기에 무지가 결합하게 되면 그 질곡을 빠져나갈 수 없게 돼버리는 우리 사회 복지 정책의 빈틈을 확인시켜 주고 있습니다. 가난해도 질병이 없으면 헤어날 길이 보이고 난치병도 돈이 있으면 기댈 데는 있으나, 형편이 어려운 집에 장애인이나 환자가 생기면 그 부담이 가족 전체를 짓누르고 결국 가족 해체에까지 이르는 것이 우리 현실입니다.

이들의 소외감은 따뜻한 사회적 배려를 받지 못한다면 언제라도 사회와 이웃에 대한 적대감으로 번져갈 수도 있습니다. 그렇지 않아도 우리 사회는 지금 빈부격차가 커지고 그에 따른 상대적 박탈감을 느끼는 계층이 늘어나는 추세여서 이것이 몰고 올 사회적인 파장을 걱정해야 할 형편입니다.

기업이나 개인의 기부도 등록 시설, 곧 정부가 만들어놓은 단체를 거쳐야만 세금 공제를 받을 수 있는 법을 고쳐서라도 딱한 이웃에게 직접 따뜻한 손길을 내밀려는 시민의 정성을 끌어낼 수 있도록 제도의 문을 활짝 열어 놓아야 할 것입니다.

2003년 12월 15일

분양가 공개
투명사회 이루자

노무현 대통령께서는 특히 서민 생활의 가장 큰 적인 부동산값 폭등을 기필코 잡을 것이라고 말씀하셨습니다.

서울시 도시개발공사의 상암동 아파트가 터무니없는 높은 가격에 분양됐다는 사실이 드러나면서 토지비 이자와 관리비, 부가세까지 감안하더라도 무려 40%에 이르는 폭리를 얻어 분양가가 결정됐다는 것이니 이만저만한 뻥튀기가 아닙니다.

집 한 칸 없거나 모처럼 평수를 넓혀 가려는 서민들의 의욕을 이용해 '땅 짚고 헤엄치기' 식으로 장사를 해왔다는 사실이 확인된 셈입니다.

신규 아파트 분양가에 눈길이 쏠리는 것은 그것이 기존 아파트값을 부추기는 요인으로 작용했다는 점 때문에 그동안 아파트가 새로 지어질 때마다 분양가 인상 경쟁이 벌어졌고, 근처 아파트도 불과 한 달 사이로 덩달아 몇천만 원씩 올랐던 것이 지난해 전국을 휘몰아친 기현상이었습니다. 일반 수요자들이 아파트 분양 원가 공개를 요구한 까닭이기도 합니다. 바꾸어 민간 업체들이 누리는 재미는 더 말할 것도 없을 것이라는 점에 주목할 필요가 있습니다.

아파트 분양가를 깎으려는 시민단체와 소비자 측의 주장이라지만 중개업소들도 고개를 흔드는 양상입니다. 은밀한 담합으로 분양가를 올렸다가 무더기로 공정거래위원회에 적발된 건설사들의 사례가 이를 말해주고 있습니다. 이런 상황이 고쳐지지 않는다면 아파트 분양 원가 공개 압력은 누그러지지 않을 겁니다. 서민들의 내 집 마련에 기대 폭리를 노리는 얄팍한 상혼을 어느 누가 용인하겠습니까?

아파트 분양 원가 공개 촉구는 건설사 내부 영업 비밀을 침해하자는 의도는 절대 아닙니다. 국민경제에 미치는 경제 현실은 묵과할 수 없으며 투명 사회를 위해 공개되어야 합니다.

2004년 2월 25일

'국민의 혈세'
공적자금 회수하라

노무현 대통령께서는 반칙과 특권이 용납되는 시대는 이제 끝나야 한다고 말씀하셨습니다.

공적자금 투입으로 국민경제에 큰 부담을 안긴 부실 기업주들이 경영은 뒷전으로 미루고 회사 자금 빼돌리기에 급급했다는 검찰의 수사 발표는 하루 벌어 하루 살기에 벅찬 많은 국민의 억장을 무너지게 합니다.

그간 검찰 수사와 감사원 감사를 통해 공적자금 상당 규모가 유용되고 낭비된 사실을 들었어도 이번 같은 끝도 없는 악덕 기업주의 일탈 행위에 분노를 억누를 수 없습니다.

"기업을 살리겠다"라며 국회의원직까지 버리고 경영에 복귀한 재벌 2세 기업인은 회삿돈 수백억 원을 빼돌려 개인 빚을 갚은 것도 모자라, 추적을 당하지 않으려고 친인척 명의로 회사 재산을 매매하여 엄청난 재산을 은닉했다가 적발됐습니다.

어떤 기업주는 자기 채무는 줄이고 전문경영인에게 보증채무를 안긴 후 부실로 모는 비행도 서슴지 않았으며, 이 밖에도 분식회계 등 갖가지 탈법 행위로 1조 3천억 원의 사기 대출이 발생했으며, 6개 기업군이 은닉한 재산도 753억 원에 이른다는 것이 검찰의 설명입니다.

기업 부실로 국민경제에 부담을 주는 것도 모자라 혈세를 가로채기까지 한 기업인이 경제인으로 행세하는 것을 용인할 수 없습니다.

검찰은 올해 말로 4년간에 걸친 공적자금 비리 수사를 마무리 짓는다고 하니, 외환위기와 같은 불행을 다시 겪지 않으려면 '국민의 혈세'를 축내고는 누구도 발 뻗고 잘 수 없이 다는 사실을 만천하에 보여줘야겠으며, 검찰은 남은 수사에 박차를 가해 부당하게 새어나간 공적자금을 남김없이 회수해야 할 것입니다.

2005년 2월 25일

장애인에게 일자리 진정한 복지

노무현 대통령께서는 노약자를 비롯한 소외계층 사람들에게 더 많은 관심을 기울이는 따뜻한 사회를 만들겠다고 말씀하셨습니다.

장애인의 90%가 후천성이라는 통계는 우리 누구나가 불의의 일을 만나 장애인이 될 수 있다는 의미로, 장애 예방의 중요성을 다시 한번 돌아보게 합니다.

정부는 교통사고를 비롯한 각종 사고 예방 교육 등 장애 예방을 우선순위에 놓고 장기적으로 장애 요인을 감소시켜야 합니다. 후천적 장애 발생은 개인과 가정의 불행이자 나라의 손실이며, 사회 비용 증가에 따른 국가재정 압박 요인 이 되기 때문입니다.

장애인이 450만 명(미등록 포함)에 달해 우리 인구 10명 중 한 명이 장애로 고통받고 있으며, 편의시설이 절대 부족해 장애인의 이동권조차 충족시키지 못하는 게 현실입니다.

장애인 고용촉진법은 정부 부처, 공기업, 300인 이상 대기업에 대해 2% 이상의 장애인 고용을 의무화하고 있으나, 정부 부처는 작년에 목표치를 달성했으나, 대기업은 의무 고용 40,970명의 절반 조금 넘는 22,720명을 고용하고 있습니다.

장애인들이 휠체어를 타고 다니면서 할 수 있는 일은 얼마든지 있으며, 지적 장애인도 단순 반복 업무에 싫증 내지 않고 신나게 일합니다. 기업이 이런 장애인들을 고용해야 진정한 장애인 복지가 실현됩니다.

장애인이 당당한 국민으로 사회에 기여하면서 살아갈 수 있도록 하는 종합대책 마련이 절실합니다.

2005년 4월 25일

노조의 '폐쇄된 권력' 감시 요구된다

노무현 대통령께서는 국가의 크고 작은 이익은 투쟁만으로 결코 풀 수 없고 대화와 타협만이 살길이라고 말씀하셨습니다.

노동부 장관이 "노조에 대한 일정한 규제를 고민하지 않을 수 없다"고 밝혔습니다. "과거에는 노조가 탄압 대상이었지만 이제는 감시, 견제 장치가 사실상 없어졌다"라거나 "노조의 구조적인 문제를 개선해 나가겠다"라는 말로 미뤄볼 때 정부의 노조 감독권 부활을 겨냥한 발언으로 보입니다.

민주노총은 이에 대해 "노조의 독립성과 자주성을 훼손하는 시대착오적 발상"이라고 반발하고 노조의 자체 정화 기능에 맡겨야지, 외부 개입은 절대 용납할 수 없다고 합니다. 구조적 비리로 얼룩진 우리 노조의 문제가 더는 방치할 수 없는 지경까지 왔다는 절박감 때문이었을 겁니다.

노조 스스로의 처신과 행태가 외부 개입을 불러들인 것이며, 노조 비리가 불거지면서 우리 사회는 이미 귀족노조, 권력노조가 보통명사로 굳어져 버렸습니다. 민주노총의 주장을 대변할 정당도 국회에 진출했지만, 민주노총이 아직도 폭력시위를 군사독재 시절의 저항 운동 정도로 생각한다면 그건 보통의 착각이 아닙니다.

노동조합법을 개정해서라도 정부의 합리적인 견제와 감시가 작동하도록 해야 하며, 노조는 기득권에 집착하는 구태를 버리고 스스로 혁신해야 합니다. 이러다간 노조 때문에 대한민국이 다시 배곯는 나라가 되는 것 아닌지 염려됩니다.

노조는 더 이상 보호받을 '사회적 약자'도 '억울한 깃털'도 아닙니다. 사회적 강자가 된 노조는 투쟁 못지않게 도덕성을 회복해야 할 것입니다.

2005년 5월 31일

국토 균형개발을 위한 수도권 대책

노무현 대통령께서는 부동산 정책을 잘 잡아내면 나머지 국정을 충분히 원만하게 이끌어갈 수 있을 것이라고 말씀하셨습니다.

정부와 열린우리당이 수도권 대책에 비상이 걸린 듯하며, '수도권 발전 대책'이라는 것을 곧 내놓을 것이라고 합니다.

대부분 행정기관과 공공기관이 지방으로 이전함에 따라 후속조치로 수도권 대책을 마련하는 것은 당연하고도 중요한 과제로 행정도시 건설과 공공기관 지방 이전이 수도권 과밀화 해소와 국토 균형발전을 위한 것이라면, 당연히 수도권 대책 역시 이에 걸맞은 큰 그림 속에서 짜야 합니다.

정부는 지역 균형발전 차원에서 행정부처와 공공기관을 보내기로 했지만, 이제는 서울을 동북아 거점도시이자 국가 혁신 창출의 중심지로 육성하겠다고 합니다. 수도권의 민심 악화로 발등에 불이 떨어진 수도권 여당 의원들이 정부에 전달한 수도권 발전 방안은 무려 600여 건에 이릅니다.

한쪽으로는 수도권 집중을 억제한다며 시급한 기업 유치에 제동을 걸고, 다른 한쪽으로는 선심성 정책을 남발하는 심각한 '자가당착' 입니다. 이미 전국이 투기 광풍에 휩싸여 땅값이 급등하고 있는데도 말입니다.

수도권은 당장에 욕을 먹더라도 장기적 국토 균형개발 청사진 속에서 세워져야 하며, 양적 팽창이나 집중이 아닌 질적 도약이 필요합니다. 그래서 친환경적 개발과 교통 체제 개선, 서울의 강남과 강북 같은 수도권 내 지역 간 불균형 시정 등을 통한 삶의 질 향상에 초점을 맞춰야 합니다. 서둘러 졸속책을 내놓는 것보다 충분한 검토와 여론 수렴을 거치는 게 바람직합니다.

2005년 7월 5일

재건축 유착고리 구조적 비리

노무현 대통령께서는 우리 내부의 지역주의와 남남갈등을 극복할 때가 되었다고 말씀하셨습니다.

전문가의 공무원연금과 국민연금의 수익 비교는 그 격차가 상상 이상임을 보여줍니다. 관동대 김상호 교수의 두 연금 간 비교에 따르면 국민연금의 평균 수익비는 2.22인데 비해 공무원연금의 수익비는 3.53~3.88로 1.6~1.7배에 달합니다. 더구나 급여율을 60%에서 50%로 낮추고 보험료율을 9%에서 15.9%로 올리기로 한 국민연금법 개혁안이 통과된다면 국민연금 수익비는 1.38로 하락해 공무원연금 수익비가 2.5~2.8배 높아질 것이라고 합니다.

문제는 이같이 높은 공무원 수익비가 자체 보험료 수입으로 충당되는 것이 아니라 국고 보전의 결과라는데 있습니다. 당장 올해 예산에 편성된 공무원연금 적자보전금은 7,330억 원인데, 내년에도 8,452억 원의 예산이 책정돼 2년간 공무원연금 적자 보전에만 1조 5,700여억 원이 투입됩니다. 적자 규모는 매년 늘어 2010년에는 2조7,930억 원, 2020년에는 13조8,100억 원으로 기하급수적 증가 일로에 있는데도 말입니다.

이럼에도 정부는 공무원연금의 적자를 줄이기 위한 어떠한 대책도 세우지 않고 있습니다. 의지도 없는 듯하며 '저부담 고급여' 체제를 그대로 유지해 발생하는 적자 폭은 '국민 혈세'로 보전하면 그만이라는 의도인 것 같습니다.

국민연금 개혁을 다수 국민에게 설득하기 위해서도 공무원연금과 국민연금 제도를 먼저 고쳐야 하며, 공무원이 보통 국민보다 약자라고 보지 않는다면 정부와 여당은 '약자 보호'를 위해 정부가 대책을 세워야 합니다.

2005년 11월 20일

겨울철 노숙인 대책 시급

노무현 대통령께서는 지도력을 올바로 행사하기 위해서 미국과 관계를 잘 풀어야 하는 게 현실이라고 말씀하셨습니다.

낙엽을 밟으며 늦가을 정취에 빠져들었던 게 바로 엊그제인데 어느덧 겨울입니다. 옷깃을 세운 채 바삐 걸음을 옮기는 사람들의 황망한 표정에서 기나긴 겨울의 초입을 읽게 됩니다.

저소득층, 장애인, 독거노인, 실직 노숙인 등 힘겨운 이웃들을 돕는 게 계절이 따로 있을 수야 없겠지만 겨울은 이들에게 유독 힘든 시간입니다. 특히 늘 동사 위험을 안고 있는 노숙인들이 그러합니다.

올해 서울의 노숙인이 지난해보다 13% 늘었다고 하며, 서울시가 시의회 심재 욱 의원에게 제출한 자료에 의하면 10월 말 현재 서울의 노숙인은 3,295명으로 지난해 2,909명보다 13%나 증가했습니다. 이 가운데 노숙인 쉼터 입소자가 2,513명이고 거리 노숙인은 782명으로 집계됐습니다. 빈익빈 부익부의 이른바 양극화 현상이 거듭 확인되고 있는 셈입니다.

서울시 등 관련 당국은 이들 노숙인을 보호하고 지원하기 위해 필요한 모든 조치를 해야 합니다.

당국은 노숙인 입소자 가운데 여성과 어린이가 상당수를 차지하고 있는데 주목해야 하며, 당연히 이들에게 필요한 관련 대책을 세워야 합니다. 쉼터에서 운영 중인 취업 알선 직업교육 등 자활 지원 프로그램도 더욱 알차고 유익하게 꾸며 노숙인들이 재기할 수 있도록 해야 합니다.

너무나 당연한 얘기지만 노숙인을 비롯한 '낮은 곳의 이웃들'을 돕는 데는 우리 사회 구성원들이 모두 나서야 하며, 사회로부터 받은 이익을 공동체에 되돌리는 것이 도리가 아닌가 생각합니다.

2005년 11월 30일

검경 수사권,
공권력 불신 키운다

노무현 대통령께서는 대통령도 법 아래 살고 있고 법 위에 살고 있던 사람도 법대로 한다고 말씀하셨습니다.

경찰청장이 검찰의 브로커 로비 의혹 수사를 '편파적'이라고 비판하자 검찰 간부가 이를 반박하는 등 검경이 다시 갈등 양상을 보이고 있습니다. 검찰과 경찰은 이미 수사권 조정을 둘러싸고 첨예하게 대립해왔어도 이번 갈등은 수사가 진행 중인 사건을 비판으로 비롯됐다는 점에서 도를 넘었습니다.

허준영 경찰청장은 기자간담회에서 "검찰 수사가 공정하지 못하다. 검찰이 브로커와 자신들(검찰)의 관계는 숨긴 채 경찰과의 친분만 부각시키고 있다"고 불만을 토로했습니다. 그러면서 "검찰 수사는 아무도 들여다볼 수 없어 공정한지, 철저한지 알 수가 없다. 검찰이 고생해 수사해도 믿지 않을 것"이라고 검찰 수사의 투명성과 공정성에 의문을 제기했습니다.

사실이 이렇다면 경찰의 공개적인 검찰 공격은 자기방어적 과잉행동이란 인상을 지우기 힘들며, 우선은 자숙하는 자세로 다음 수사 진행을 지켜보는 것이 순리입니다. 만일 이번 일이 일부의 시각대로 수사가 경찰 고위층으로 확대되는 걸 막아보려는 뜻이었다면, 일종의 고의 수사 방해에 해당할 수 있습니다.

검찰 역시 이번 사건의 모든 수사 정보를 손에 쥐고 있는 상황에서 자신들의 어떤 행동이 경찰의 이런 반발을 불러왔는지 살펴야 합니다. 검찰이 경찰의 반 발에 대해 내놓을 옳은 대답은 공연한 말싸움이 아니라 검찰 쪽 사람들의 의혹을 포함한 윤 씨 로비 의혹 전모를 파헤쳐 국민에게 보여주는 것입니다.

보다 근본적으로는 대통령과 국무총리가 수사권 조정 문제를 차일피일 미룰 게 아니라 빠른 결론을 주는 게 이번과 같은 검경의 볼썽사나운 싸움을 막을 수 있습니다.

2005년 12월 20일

공무원노조 국민 위에 군림

노무현 대통령께서는 미래의 도전에 대처하기 위해서는 우리의 생각과 행동이 달라져야 한다고 말씀하셨습니다.

어른에게 어린아이 옷을 주면서 "사람은 모름지기 옷을 입어야 한다"고 말하는 모습을 가정해보면 옷이 몸에 맞지 않아 "못 입겠다"며 거부하는 어른을 '옷을 입지 않는 것은 야만 행위'라고 나무라는 것은 온당하지 않습니다. 발효된 공무원노조법이 이 같은 '턱없이 작은 옷'에 해당된다 하겠습니다.

이 법의 시행으로 공무원노조는 5.16 군사쿠데타 이후 45년 만에 처음으로 법적 인정을 받게 됐으나 법 곳곳에 자리 잡은 여러 제약으로 합법화 조치는 빛이 바래게 됐습니다. 전국공무원노조와 공무원노조총연맹 등 당사자들이 합법화를 환영하지 않고 "법외노조로 남아 권리 쟁취 투쟁을 벌이겠다"며 '불법 단체'를 자임하는 까닭도 바로 이 때문입니다.

정부가 해직자들이 주도하는 공무원노조의 불법노조 활동에 어떻게 대처할지 두고 볼 일입니다. 전공노는 2004년 연가 투쟁 때도 “전교조 설립 투쟁으로 70여 명이 구속되고 1,550명이 파면, 해임됐지만 나중에 모두 복직됐고 일부는 민주화 유공자가 됐다”면서 조합원들의 파업 참가를 독려했습니다. 이 구호는 제대로 먹혔습니다. 사실이 그러하기 때문입니다.

그러나 정부가 이번에도 해직자 노조 활동에 그런 방식으로 대처하면 전공노는 통제 불능 조직이 될 것입니다. 또 하나의 전교조, 아니 그보다 더 힘센, 국민 위에 군림하는 특권 조직이 되고 말 것입니다. 그렇게 되면 철밥통 사회의 구조조정은커녕 시장 군수들이 아랫사람 눈치 보며 비위 맞추기 바쁘고, 국민은 그 수발을 드느라 등골이 빠지게 될 것입니다.

2006년 1월 25일

나라와 사회를 이끄는 건 교육

노무현 대통령께서는 상생과 협력의 결단이 필요하고 그것이 우리의 민주주의가 나갈 방향이라고 말씀하셨습니다.

장혜옥 전교조 위원장이 신문과의 인터뷰에서 "대학은 평준화해야 하고 입시에서 (성적이 아니라) 인간을 보고 뽑아야 한다"고 말했습니다. "(지금의 대학 입시는) 경쟁의 강도와 결과물이 너무 비인간적이고 반교육적이기 때문"이라는 것입니다.

장 위원장은 대학이 학생의 성적, 인성, 태도, 활동에 대한 학교 선생님의 기록을 보고 신입생을 뽑으면 된다고 했으며, 대학 입시를 교사들이 적어주는 '기록부' 같은 것으로 결판내자는 겁니다.

또한 장 위원장은 "교사를 서열화하는 교원평가 역시 본질적으로 반교육적이니 반대한다"고 했습니다. 교사 권한은 강력해야 하고 자기들이 귀찮아지는 교원평가는 안 된다는 건데, 자기들 편하고 자기들 이로운 것만 하자는 것인지 참 신통하고 편리한 발상입니다.

장 위원장은 "해외에 나가보면 유럽이 다 그렇게 (인간을 보고 뽑는 식으로) 학생을 뽑고 해서 대학 경쟁력이 올라간다"고 했습니다. 대학을 평준화했던 대 표적인 나라가 독일이며 독일 대학들은 한때 세계 과학을 선도했었지만, 독일 대학 가운데 작년 10월 '더타임즈' 평가에서 세계 대학 랭킹 50위 안에 든 것은 45위 하이델베르크대학 한 군데뿐입니다.

어느 나라나 국가나 사회를 이끌어가는 것은 교육입니다. 전교조는 교원의 22%(약 9만 명)가 가입한 단체로 그만큼 교육에 대한 책임이 큽니다. 학생들도 좋은 교사에게서 배울 권리가 있고, 개인과 국가 발전을 위해 수월성 교육은 반드시 필요합니다.

세상은 획일적 평준만을 내세우는 '서열화 타령'만으론 앞으로 나갈 수 없을 만큼 녹록지 않음을 전교조는 알아야 합니다.

2006년 4월 25일

시민단체
정화 운동할 때

노무현 대통령께서는 바깥에서 비판하는 사람도 발전적 제안을 제시해나가는데 지혜를 준다면 어떤 비판도 수용하겠다고 말씀하셨습니다.

보시라이 중국 상무장관이 정세균 산자부 장관과의 회담에서 "한국에 투자한 중국 기업들이 노사문제로 애로가 많다"며 "특히 쌍용자동차를 인수한 상하이 자동차 경영진이 노조의 과도한 임금 인상 요구와 집단행동으로 어려움을 겪고 있다"고 했습니다.

쌍용자동차는 1분기 내수판매가 작년 1분기보다 17.5% 감소해 지난달 임원진이 급여 10% 삭감을 결의하는 등 비상경영체제에 들어갔지만, 민노총 소속 노조는 10.5% 임금 인상을 밀어붙이고 있습니다.

한국 노동운동이 사납다는 건 세계가 아는 일이지만 이젠 중국도 직접 당하고 고개를 절레절레 흔들게 된 것입니다. 얼마 전엔 리콴유 전 싱가포르 총리도 "한국에선 (노조와 경찰이) 스타워즈의 한 장면처럼 싸운다. 그 에너지를 다른 나라와 경쟁하는 데 써야 한다" 고 했습니다. 한국의 노동자 1,000명당 파업으로 인한 근로 손실 일수는 2004년에는 2일이었습니다. 한국 다음 호주는 32.4일(2002년), 일본은 1.9일(2002년)입니다. 세계 어느 기업도 외국 언론이 '죽을 때까지 싸우는 노동운동' 이라고 부르는 한국 노조와 부대끼면서 경쟁에서 살아남을 수 없다는 말입니다.

민노총이 대한민국의 국가경쟁력을 갉아먹고 있다면 민노총 산하단체인 전교 조는 미래의 국가경쟁력을 잡아먹고 있습니다. 일본이 교사자격증을 10년마다 갱신하는 제도를 도입한다는 소식이 들려온 며칠 후 전교조는 창립 17주년 기념대회에서 '교원평가 저지' 를 슬로건으로 함성을 울렸습니다.

산업경쟁력과 교육경쟁력은 국가를 떠받치고 가는 두 바퀴이며, 민노총과 전교조가 그 두 바퀴에서 바람을 빼고 있는데 대한민국이 어떻게 제대로 굴러갈 수 있겠는가요? 시민단체 정화 운동을 할 때가 됐습니다.

2006년 6월 5일

정부 전공노 법대로 조치하라

노무현 대통령께서는 지위 고하를 막론하고 의혹이 있으면 해소해야 국정운영에 부담 이 안 된다고 말씀하셨습니다.

전국공무원노조가 현재 진행 중인 을지연습을 폐지하라는 촉구성명서를 냈습니다. 이 훈련이 "우리 민족끼리의 남북 교류와 자주 민족 평화통일을 위한 노력에 커다란 장애가 되고 있다"라며 "공무원들이 을지연습 때문에 정상 업무를 못 하고 과중한 업무로 건강을 위협받으며, 공공청사를 지키는 무장 군인들 때문에 시민들이 불안감을 느낀다"고 지적했습니다.

을지연습은 전시를 포함한 비상사태를 대비하기 위한 것이기에 "도무지 이해할 수 없다. 남북한 간 화해 협력이 진전되더라도 양측 간 군사적 신뢰 관계는 구축돼 있지 않고, 더욱이 북한은 최근의 미사일 발사 등으로 긴장감을 높이고 있습니다.

이런 상황에서 나온 전공노의 주장은 우리가 먼저 무장을 해제해야 한다는 주장과 크게 다를 바 없으며, 대한민국 국민의 일원으로서 나아가 국민의 공복을 자처하는 공무원을 대변한다는 전공노가 그런 주장을 펼 수 있느냐는 의심이 듭니다. 생존을 지키기 위한 최소한의 노력마저 남북 교류와 통일에 장애가 된다고 매도해서는 안 됩니다.

국가 안보가 위협받게 될 때를 대비해 계획을 세우고 그에 따른 행동 지침을 익히고 점검하는 것은 국가기관이 할 당연한 책무이며, 국민 세금으로 월급 받는 공무원들이 북한 주장을 받아 그걸 폐지하라라고 나선 것입니다. 이런 전공노를 방치하는 정권은 더 문제이며, 공무원 복무규정은 공무원의 집단행동과 정치 관여를 금지하고 있습니다.

정부는 전공노에 대해 당장 법대로 조치하고 법과 국가 기본질서를 무시하는 전공노에 세금 갖다 바치고 노후연금까지 보장해줄 수는 없습니다.

2006년 8월 31일

대한민국 빛낸
민중의 지팡이

노무현 대통령께서는 대통령도 수사에 협력하는 게 하나의 모범으로 자리 잡아야 한다고 말씀하셨습니다.

해방 직후인 1945년 10월 21일 미 군정청 산하 경무국이 창설되면서 탄생한 우리 경찰이 어언 진갑을 맞이했습니다. 경찰은 해방공간의 좌우 대립, 한국전쟁, 군사독재를 거치면서 무수한 시련과 우여곡절을 겪기도 했습니다. 그러나 모든 영욕의 세월을 뒤로한 채 이제는 인권 수호의 우람한 버팀목으로 성장하고 있는 경찰입니다. 경찰의 예순 한 살 생일을 진심으로 축하합니다.

이번 경찰의 날을 더욱 뜻깊게 한 경사가 있었습니다. 무려 3개월 가까이 국 내는 물론 프랑스까지 떠들썩하게 만든 서울 서래마을 영아유기 사건의 수사팀이 상을 받은 것입니다. 수사를 맡은 서울 방배경찰서 김갑식 수사과장과 강력3팀은 치밀하고도 끈질긴 현장 수사를 벌인 공로로 경찰의 날 기념식에서 대통령 표창을 받았으며, 완벽한 부검과 정미하고도 과학적인 DNA를 분석한 국립과학수사연구소 법의학부 팀원들도 11월 3일 '제2회 과학수사대상'에서 대통령 표창을 받는다고 합니다.

수사팀이 탐문 수사 끝에 영아의 부모인 프랑스인 쿠르조 부부를 용의자로 지목하고 국과수 팀원들이 DNA 검사를 통해 이를 확인했을 때, 프랑스 수사당국과 언론은 우리 경찰의 과학수사 실력을 깔보고 '자국민 보호'에 급급했으나, 마침내 진실이 밝혀지자 "우리가 잘못 생각했다"는 뒤늦은 반성이 잇따르고 있습니다.

과학의 발달로 각종 범죄가 갈수록 지능화되고 있는 현실을 감안하면 이에 대처하는 경찰 또한 과학수사 인원과 장비 확충, 전문인력의 확보가 필수적입니다. 가혹행위 등을 통한 강압 수사라는 지난날의 잘못된 관행을 되풀이하지 않고, 수사 과정에서의 인권침해 요소를 최소화하기 위해서라도 과학수사 체제는 뿌리를 내려야 합니다.

61회 생일을 맞은 우리 경찰이 끈질긴 현장 수사와 과학수사라는 양 날개를 달고 국민의 재산과 생명을 지키는 파수꾼으로 높이 평가받게 되었습니다.

2006년 10월 25일

정부에 대한 정책 상정

03

이명박 대통령의 '이명박 정부'

'이명박 정부'는 국민의 신뢰를 바탕으로 이뤄져야 한다는 취지에서 민의를 청취하여 '국민의 소리'를 상정합니다.

비리 판치는 공기업 개혁하라

이명박 대통령께서는 어떤 정책도 민심과 함께해야 성공한다는 것을 절실히 깨달았다고 말씀하셨습니다.

공기업은 국민 편에서 보면 '곪은 달걀'이고, 그곳에서 밥 먹는 사람들 편에 서 보면 '거저먹기 직장'이란 말이 사실임을 확인시켜 주었습니다.

회사 자금 15억을 빼돌려 도박과 주식에 탕진한 5급 직원, 1급 실장, 과장이 무면허 업체의 돈으로 동남아 성매매, 골프 여행을 다녀왔습니다. 노조위원장이 납품 비리에 개입하고 신입사원 시험 점수를 조작한 일까지 적발됐습니다. 대검찰청이 수사한 공기업 21곳에서 일어난 일들입니다. 이렇게 정신 나간 공 기업들이 멀쩡히 버티는 게 신기할 노릇입니다.

철도 공사는 2005~2007년 157억 원의 무임승차권을 직원들에게 나눠줬고, 그중 69억 원은 근무와 관계없는 공휴일 표였습니다. 무임승차권을 가족이나 친지에게 준 사람도 많았습니다.

석유공사는 2004~2004년 유가 예측을 잘 못 해 싼값에 정부 비축유를 파는 바람에 4,250억 원어치 비축유 구입 자금이 펑크 난 상태입니다. 그런데도 2005년 이후 433억 원의 비축유 매각 대금을 사내 복지기금으로 돌려놓고, 그 돈으로 직원들 개인연금을 대줬다고 합니다.

도로 공사는 직원들에게 2006년 말 기획예산처가 고속도로 휴게소에서 실시한 공기 업 고객만족도 조사에서 고객을 가장하고 설문에 답하도록 하여 경영평가 1등으로 만들었습니다.

이런 '곪은 달걀' 때문에 '땀 묻은 돈'을 사취당하는 국민의 신세는 얼마나 허망한가요. 정부와 여당은 개혁 대상인 반(反)정부, 반(反)시장 세력의 '고함치는 소리'보다 말 없는 다수 국민의 '뜻'을 헤아려야 합니다. 공기업 개혁은 경제 살리기의 시작이기도 합니다. 이를 포기하면 우리 경제는 장래를 기약하기가 더 어려워질 것입니다.

2008년 7월 31일

우리 사회,
법 경시 풍조 심각

이명박 대통령께서는 "집회를 보면서 많은 생각을 했다. 새로운 각오로 다시 출발하겠다"고 말씀하셨습니다.

광우병국민대책회의가 자기들에게 손해배상청구소송을 낸 광화문 일대 상인 115명의 이름과 주소가 적힌 소장을 홈페이지에 공개했습니다. 소송 낸 사람들이 광화문 어디 업소 주인이라는 것을 금방 확인할 수 있게 한 것입니다.

대책 회의 속셈은 뻔합니다. 한번 혼 좀 나보라는 것입니다. 실제로 소속 상인들 업소에 시위대가 찾아와 괜히 사진을 찍거나 입구 계단에 앉아 들어오는 손님을 불쾌하게 만드는 행패를 부렸습니다. 대책 회의 홈페이지엔 "아주 제대로 망하게 가게마다 앞에 가서 1인 시위를 해드리죠", "원고를 상호, 전화번호, 위치, 주메뉴를 확인해 올려주세요. 불매운동해야 합니다"라고 협박 선동하는 댓글들이 가득 올라 있습니다.

자영업자들은 불경기를 어떻게든 헤쳐나가려고 힘을 쏟고 있지만, 광화문 상인들은 석 달째 계속된 촛불시위로 손해가 어마어마합니다. 매일 도로가 막히고 폭력이 난무했으니 손님이 찾아올 리 없습니다. 매출이 평소 10분의 1이 라다는 식당도 있습니다. 간판이 망가지고 유리창이 깨지고 시위대가 버리고 간 오물로 가게는 엉망이 됐습니다. 시위를 주도한 사람들이 찾아와 무릎 꿇고 사과해도 모자랄 판인데 대책 회의는 되래 "불매 테러"를 선동했습니다.

사유재산을 인정하는 자본주의 국가에서는 누구든 재산상 피해 당했을 때 소송 절차에 따라 가해자에게 회복을 요구할 권리가 있습니다. 그러나 대책 회의는 자신들이 피해를 준 상인들을 오히려 협박하는 일에 앞장서고 있습니다. 법치국가 하늘 아래서 어떻게 이렇게까지 법을 조롱하는 일이 자행될 수 있습니까?

광고주 협박 사건을 수사 중인 검찰은 상인 협박 사건의 관련자들도 반드시 찾아내 법이 살아있음을 보여줘야 합니다. 이들을 그대로 방치하면 우리 사회의 근간이 뿌리째 흔들립니다.

2008년 8월 10일

엄마와 딸이 눈물로 호소

이명박 대통령께서는 민생과 직결되는 가치는 아무리 작아도 '생활 공감 정책'으로 발굴해 실행하겠다고 말씀하셨습니다.

1980년대 초 세계화가 시동을 걸 무렵 경제적 번영이 민주주의를 강화할 것이라는 장밋빛 기대가 높았습니다. 이른바 시장 만능주의의 세계 속에 세계 경제가 수치상 번영을 구가한 것은 사실입니다. 그러나 그 장밋빛 기대감은 민주주의의 위기론 앞에서 빛이 바래고 있습니다. 사회정의를 부정한 채 이윤추구를 극대화하는 시장 만능주의로 사회, 경제적 격차의 골이 깊어지면서 민주주의 쇠퇴를 우려하는 목소리가 커지고 있는 것입니다.

사용자 측이 인건비 부담을 피하려고 각종 편법을 동원하면 법 취지와 달리 비정규직의 처우가 더욱 나빠질 수 있다는 우려도 제기됩니다. 실제로 법 시행 이후 비정규직을 해고하고 사내 하청이나 아웃소싱으로 공백을 메우는 기업이 속출하면서 우려는 현실로 드러났습니다.

경영자 총연합회가 285개 기업을 조사해보니 법 시행 이후 39.7%가 비정규직 채용 규모를 줄였습니다. 비정규직을 줄인 만큼 정규직을 채용한 곳은 19.3%에 그쳐 나머지는 외주 등으로 생산방식을 바꾼 것으로 추정됩니다. 결국, 비정규직 보호법이 전체 일자리 수를 줄이는 역효과를 만든 것입니다.

기업들이 인건비를 줄이기 위해 상근 노동자조차 비정규직으로 만들고 있습니다. 문제는 비정규직의 확대가 양극화를 심화시키면서 사회 불안과 민주주의의 위기로 이어진다는 점입니다.

5명 중 1명꼴로 '사회적 난민'이자 '인력시장의 주홍 글씨'라는 비정규직의 덫에 걸린 현실에서, 소외계층을 배려하며 개별적으로 이룰 수 없는 목표들을 사회적 합의로 달성하는 게 민주주의의 목적이라고 말하는 것은 차라리 사치입니다.

정부의 진짜 문제는 소통 부재가 아니라 대안 부재에 있는 게 아니냐는 불신만 키울 뿐이며, 시장의 역동성과 사회정의가 조화를 이루는 새로운 패러다임이 절실히 요구되고 있습니다.

2008년 8월 20일

폭력단체
국민 혈세 퍼주지 말자

이명박 대통령께서는 이제 이 정권은 봄을 맞이했으니, 씨를 뿌리고 풍성한 열매를 맺자고 말씀하셨습니다.

불법 촛불시위를 주도한 '광우병대책회의' 74개 단체는 올해 8억 원의 보조금을 받아 이미 6억 5,700만 원을 타갔습니다. 보조금 지급 여부를 결정하는 '비영리민간단체 공익사업선정위원회'의 위원장과 위원 3명이 아예 광우병대책회의 소속입니다.

민간 단체에 대한 정부 보조금 지원은 2000년 제정된 비영리민간단체지원법에 근거하여, 이 법 제1조는 '공익활동의 증진과 민주사회 발전에 기여함'을 목적으로 삼고 있습니다. 불법 폭력시위를 벌이는 단체들은 이 법에 따른 보조금을 받을 자격이 없는 것입니다. 그럼에도 김대중 노무현 정부 시절 보조금을 받아 활동비가 풍부해진 좌파 성향의 단체들은 한미 자유무역협정(FTA) 반대 시위, 평택 미군기지 확장 반대 시위로 법질서를 유린했습니다.

이들 단체는 '이명박 정부' 출범 후에는 국민의 선거로 선출된 이 대통령의 퇴진을 요구하면서 대한민국의 정체성과 국기를 흔들었습니다. 서울 도심에서 광우병 괴담에 근거해 국익을 해치는 폭력시위를 벌이라고 격려금을 준 것이나 마찬가지입니다.

비영리민간단체지원법(12조)에 사업계획을 허위로 기재하고 부정한 방법으로 보조금을 받거나, 민간단체가 보조금을 원래 용도와 다른 곳에 썼을 경우 보조금을 환수하고 형사처벌하게 돼 있습니다. 불법시위로 구속된 사람이 있는 단체에는 지원을 금지하는 행안부 내부 규정도 있습니다.

더 기막힌 것은 전교조는 1999년 합법화 이후에도 투쟁 일변도로 교육 현장의 혼란을 부추겼습니다. 평등시장주의에 매몰돼 학교 다양화와 수월성 교육의 발목을 잡는가 하면 교원평가, 학력 정보 공개 등을 거부하는 교육 역주행을 일삼았습니다. 광우병 집회나 한미 FTA 반대 시위 등 각종 사회, 정치 현안에 끼어들어 반정부 행동도 서슴지 않았습니다. 이런 전교조에 교육 당국이 10년 가까이 사무실 임대료와 사업비 등을 지원했습니다. 국민의 혈세를 엉뚱한 곳에 퍼준 꼴입니다.

2008년 9월 10일

인성교육과 지식교육 함께 이루자

이명박 대통령께서는 비극의 역사를 되풀이하지 않기 위해서는 우리 스스로 부강한 나라를 만들어야 한다고 말씀하셨습니다.

교육의 기본 목표는 오늘날 우리가 살고 있는 사회와 앞으로 살아갈 미래 사회의 도덕적 정신문화와 생활윤리 도덕을 바로 형성하는 참다운 인격을 배출하기 위해 자녀들의 인품과 능력을 올바르게 길러 사람다운 사람으로 보람 있게 살게 하는 데 있습니다.

그중에서도 가정교육은 모든 교육의 뿌리를 키우는 모판의 역할을 수행해 왔습니다. 육모가 건실하면 농사가 풍성하게 되듯이 어린이는 이 모판에서 부모의 사랑을 먹고 자랍니다. 즉 부모 밑에서 언어와 행동 습관과 성격 소견과 지혜가 자라서 어른이 됩니다. 그러므로 부모들은 지금의 어린이들이 장차 어른이 되어 미래 사회를 행복하게 살 수 있는 인격과 능력을 길러주어야 합니다. 미래 사회는 창조적 지성과 도덕적 인성을 겸비하고 독립 정신을 가진 건강한 사람만이 아름다운 사람이 될 수 있습니다.

오늘날 자라나고 있는 청소년들의 실상을 보고 저 청소년이 어떻게 미래를 이끌어갈 이 나라의 주인공이 될 수 있겠는가 생각하면 안타까운 일이 아닐 수 없습니다.

이와 같은 현실은 인성교육보다는 출세 지향적인 입시경쟁에 휘말려 교육이 황폐해지고 있는 오늘의 현실이 참으로 서글프지 않을 수 없습니다. 가정교육 실추로 청소년들의 비행 문제는 사회에 큰 충격을 일으키고 있는 오늘의 이 현실이 이제 더는 재현되지 않도록 인성교육에 더욱 힘써야 할 때입니다.

인성교육은 인생 경륜을 갖춘 국회의원, 장관, 시장, 시의원, 구청장, 구의원, 지역사회 유지를 강사로 초빙하여, 인성교육과 지식교육이 함께 이루어질 때 완전한 인격체로서 미래를 이끌어갈 역사의 주인공이 될 것입니다. 또한, 노인 일자리 창출에도 기여됩니다.

2008년 9월 20일

대한민국 정통성 바로 세우자

이명박 대통령께서는 국민의 신뢰는 인기와 여론이 아니라 오직 정의와 양심의 소리에서 나오는 것이라고 말씀하셨습니다.

국사편찬위원회가 근현대사 교과서는 대한민국의 정통성을 강조하고, 민족사에 대한 자긍심과 애정을 갖도록 편찬해야 한다고 주문한 것은 옳은 방향입니다. 편찬위의 주문대로 '대한민국 정부는 대한제국 및 대한민국임시정부를 계승한 정통성 있는 정부이며, 유엔 결의에 따른 총선거를 통해 수립되고 유엔에 의해 합법 정부로 승인'됐기 때문입니다.

북한이 소련 스탈린의 지시를 받고 먼저 단독정부 수립을 획책했는데도 금성출판사가 펴낸 교과서는 '남한에 정부가 세워진다면 북한의 정부 수립으로 이어질 게 확실하다'라고 서술해 분단의 책임이 남한에 있는 것처럼 오도하고 있습니다.

이런 식의 왜곡을 통해 '대한민국은 정의가 패배하고 기회주의가 득세한 나라'라는 자학적 역사관이 독버섯처럼 퍼진 것입니다. 이승만 정권을 독재정권으로 비판하면서도 북한에 대해서는 '김일성 1인 체제를 강화하고 김정일 후계 체제를 확립해갔다'라며 중립적으로 서술하고 있으면서도 북한의 인권 억압이나 식량 부족에 따른 민중의 고통은 다루지 않아 사실과 자의적 평가를 뒤섞은 편향적 서술이 아닐 수 없습니다.

우리 사회에 왜곡된 역사 인식을 재생산하는 지식층이 광범위하게 형성돼 있는 것이 사실이며, '진보'의 미명하에 편향된 사관을 주입하고 그렇게 길러진 후배나 제자를 학교나 과거사 관련 기관에 보내 세력을 넓혀 온 것 아닌가요! 역사 교과서는 사회 구성원의 보편적 가치관을 담아야 하며, 그것은 헌법의 기본 이념인 자유, 민주, 인권 이외에 다른 것일 수 없습니다.

정부가 역사 교과서의 수정, 개정 방향 역시 이를 지향해야 하고, 다만 좌 편향을 제거한다면서 전두환 독재까지 용인하는 일은 없어야 합니다. 식민 지배나 독재를 용인하는 식의 관점은 보편적 가치관이 될 수 없습니다.

2008년 11월 20일

결식 학생
따뜻한 마음으로 포용하자

이명박 대통령께서는 신뢰야말로 이 어려움을 헤쳐 나가는 가장 중요한 요건이라는 말씀을 하셨습니다.

이번 겨울에는 경제위기의 찬바람까지 불어닥쳐 배고프고 추위에 떠는 학생이 많이 늘어날 것으로 전망됩니다. 결식 학생들은 학기 중에는 무료 급식을 통해 극우들과 어울려 점심을 할 수 있지만 학교가 문을 닫는 방학이 되면 각자 해결해야 합니다. 이들을 위해 지방자치단체가 나서고 있으나 도움의 손길이 제대로 미치지 않거나, 어린 마음이 입을 상처를 고려하지 않고 기계적인 행정을 펴는 경우가 적지 않습니다.

교육 당국은 학기 중에 초중고교생 61만 명에게 무료 급식을 제공하고 있으며, 기초생활 보장 수급자 자녀 29만 5천 명, 편부모 가정 자녀 14만 2천 명, 차상위계층 자녀 16만 3천 명이 대부분입니다. 방학이 오면 끼니를 걱정하는 학생 명단이 학교에서 지자체로 넘어가지만, 담당 공무원의 '식사 제공' 제의에 "알아서 해결하겠다"라고 사양하는 학생이 많아 방학 중에 급식 지원을 받는 학생은 학기 중의 절반인 29만 명에 이르고 있습니다.

지자체 대부분 식당과 계약해 밥을 먹을 수 있는 쿠폰을 제공하지만, 학생들은 식당에 가면 결식 학생임이 드러나기 때문에 쿠폰 이용을 꺼려 감수성 예민한 학생들이 차라리 배고픈 쪽을 택하는 것입니다. 음식값이 크게 올랐으나 쿠폰 액수는 3천 원 그대로 머물러 먹을 만한 식사가 제공될지도 의문입니다. 정부 내에서 담당 부서가 다르다고 서로 미룰 일이 아니라, '밥 굶는 학생'들을 배려하지 못하는 행정은 실망스럽기 짝이 없습니다.

주변 사람들의 따뜻하고 진실한 마음이 결식 학생들에게 전달돼야만 이 문제는 해결의 실마리를 찾을 수 있습니다. 찬바람이 거센 겨울의 초입에서 결식 학생을 생각하는 따뜻한 마음이 절실한 때입니다. 어려운 시절일수록 그들의 꿈과 미래를 포기하는 일이 없어야 우리의 미래는 밝고 자손만대의 대한민국은 영원히 빛날 것입니다.

2008년 11월 30일

폭력시위 단체
국민 혈세 중단하라

이명박 대통령께서는 국가를 위해 희생하신 분들은 끝까지 책임질 것이라고 말씀하셨습니다.

행정안전부가 올해 비영리민간단체(시민단체)의 공익활동을 지원하기 위해 사업 신청을 받은 결과 392개 단체가 246억 원을 신청했으나, 신청한 단체에는 불법 폭력시위를 상습적으로 해온 이른바 '광우병국민대책회의' 참가 단체도 여럿 포함된 것으로 알려졌습니다. '뻔뻔스럽다. 낯도 두껍다.', '미국 소는 미 친 소' 라는 황당무계한 선동을 앞세운 불법 폭력시위로 서울 한복판을 석 달 동안 무법천지로 만들었던 이들이 무슨 염치로 세금에 손을 내민단 말입니까?

정부가 민간단체에 보조금을 지원하는 목적은 공익활동을 증진하고 민주사회 발전에 기여토록 하기 위해서입니다. 국민 혈세로 조성된 민간단체 보조금이 불법시위 자금으로 사용되거나 폭력

단체 사람들을 먹여 살리는 데 쓰이는 것은 용납될 수 없습니다. 이는 민주와 법치, 헌법정신, 납세자인 국민에 대한 모독입니다.

광우병대책회의에 참가한 187개 단체는 지난해 36개 국가기관에서 182억 원의 정부 예산을 지원받았으며, 불법시위 이후에도 법적 근거 미비로 환수 조치가 이뤄지지 않았습니다.

한나라당 신지호 의원이 작년 9월 '시민단체 구성원이 불법 폭력시위로 벌금형 이상을 선고받은 경우 단체에 대한 보조금 지급을 금지하고 지급된 보조금도 환수할 수 있도록' 법률 개정안을 발의했지만, 지금까지 관련 상임위도 통과하지 못해 이러고도 국회의원들이 법의 지배를 촉구한다고 할 수 있겠습니까?

불법시위 가담 단체에 더는 세금이 흘러 들어가지 않도록 해야 하며, 세금으로 불법시위를 돕는 정부는 민주 정부가 아니라고 강조합니다.

2009년 3월 10일

편향된 역사 교과서 바로 잡자

이명박 대통령께서는 정파의 차이를 넘어 국민을 중심으로 힘을 모아 달라고 말씀하셨습니다.

현행 역사 교과서의 상당수가 좌 편향적인 내용을 담고 있어 문제점으로 지적돼 왔습니다. 분단의 책임을 남한에 전가하는 등 대한민국 정통성을 부정하거나 북한에 대해 우호적인 서술을 하는 게 그런 예입니다.

새 역사 교과서 집필 기준은 이런 오류를 수정하고 균형을 잡는 일에 초점을 맞추고 있는 것으로 평가됩니다. 특정 이념이나 역사관에 편향되지 않고 객관적인 관점에서 서술하도록 요구하고 있는 것입니다.

남은 문제는 교과서 집필자들이 이 가이드라인을 제대로 반영해 객관적이고 균형 잡힌 교과서를 만드는 일입니다. 각 출판사는 집필진 구성을 공정하게 하고 다양한 외부 학자, 전문가의 의견도 집필 과정에 반영할 수 있는 집필 시스템을 갖춰야 할 것입니다.

정부도 차제에 교과서 검정 시스템을 손질할 필요가 있습니다. 이번 정권에서 좌 편향 교과서들이 검정을 통과한 것은 정권 입맛대로 심사가 이뤄진 탓이 큽니다. 균형감을 갖추고 공정하고 타당한 심사를 할 수 있는 인사들로 검정위원회를 구성해 편향된 교과서는 애초부터 검정을 통과하지 못하게 해야 합니다.

좌 편향이든 우 편향이든 한쪽으로 기운 역사 교육은 이제 학교 현장에 발붙이지 못하도록 해야 합니다.

2009년 9월 20일

'봐주고 챙기는' 청탁 비리 엄벌하자

이명박 대통령께서는 비리보다 더 큰 문제는 관습화되고 관례화돼 당사자들이 문제를 책임지지 않는다는 점이라고 말씀하셨습니다.

조현오 서울경찰청장이 성매매업소 및 도박장과 경찰관의 유착 비리를 끊기 위해 휴대전화 통화기록과 은행 계좌 명세를 영장 없이 볼 수 있게 사전 동의서를 제출하라고 지시했습니다. 일선 경찰관들 사이에서는 "사생활의 과도한 침해"라는 반발이 나오는 모양입니다.

김진규 검찰총장도 "숨은 비리인 교육비 리 척결에 전념하라"고 지시하고 인사청탁, 공사비와 교비 횡령 근절을 위한 수사에 나섰습니다. 잇단 교육계 뇌물 사건으로 망신살이 뻗친 서울시교육청은 비리 고발자에게 최고 1억 원의 포상금을 내걸었습니다.

산업화와 민주화의 과제를 달성하고 선진화를 향해 달려가는 21세기 대한민국에서 후진국형 비리가 끊이지 않는 것은 국격을 훼손하는 일입니다. 과거 박봉에 시달리던 시대와 달리 요즘 공무원들은 실직 걱정도 없고, 대우는 국민이 부러워할 정도입니다. 그럼에도 시민과 일상적으로 접하는 일부 공무원들이 민원인을 '봐주고 챙기는' 행태는 여전합니다. 대민 현장의 경찰과 세무, 교무, 구청 공무원들이 받는 유착과 부패의 유혹은 고위 공직자 못지않습니다.

무엇보다 일선 경찰과 교사, 공무원들의 투철한 '공복'의식이 선행돼야 합니다. "우리 아빠는 경찰이다.", "우리 엄마는 교사다"라고 자녀들이 자랑할 수 있는 사회 분위기가 조성되려면 치열한 자정이 요구됩니다.

불법 행위에 단호하지 못한 정부는 민주적 기본질서의 핵심 내용을 구성하는 법치주의를 뿌리내릴 수 없습니다.

2010년 5월 10일

겨울 한파 매서워도 봄은 찾아온다

이명박 대통령께서는 우리가 서로 심하게 토론하고 싸우더라도, 가슴에 맺힌 말은 적게 하면 좋겠다고 말씀하셨습니다.

6.2지방선거가 끝나 이제 2012년 4월 총선 때까지는 재보궐선거를 제외하고는 큰 선거가 없습니다. 이제 최우선 과제는 천안함 사태를 교훈 삼아 통일까지 염두에 둔 안보 전략을 짜는 것입니다.

북한이 다시는 도발할 엄두를 내지 못하도록 국내적 국제적 대북 제재의 고삐를 바짝 조여야 합니다. 우리의 안보 역량을 키우기 위한 군 개혁, 군 권력의 강화, 한미연합 방위태세의 공고화가 필요합니다.

선진 일류 국가 달성을 위해 우리 사회 전반의 시스템 선진화를 이뤄가겠다는 목표도 소홀히 할 수 없습니다. 교육, 토착, 권력형 등 3대 비리를 척결하고 검찰과 경찰 개혁을 포함한 사법개혁을 추진하겠다는 약속도 차질 없이 추진해야 할 것입니다. 지방선거를 의식해 미뤄왔던 주요 경제정책의 추진에도 속도를 내야 합니다. 재정 건전성을 높이기 위한 조세 개혁, 서비스업 선진화를 위한 제도 개혁, 공기업 구조조정이 대표적입니다.

성장동력의 확충과 서민 경제 안정화를 위해서는 무엇보다 투자 활성화와 일자리 창출이 필요합니다.

4대강 사업은 관련 예산이 국회를 통과해 이미 공사가 진행 중인 만큼 반대 여론의 설득과 소통을 통해 계속 추진이 불가피합니다.

민주사회에서는 다양한 견해가 존재하고 권력 쟁취를 위한 정치적 갈등도 불가피합니다. 하지만 우리의 생명과 자유, 재산과 공동체를 파괴하려는 세력까지 끌어안고 갈 수는 없습니다. 적은 수의 사람을 짧은 시간 동안 속일 수는 있어도 많은 수의 사람을 영원히 속일 수는 없습니다.

2010년 6월 10일

공무원과 유흥업소 유착 비리 단속하라

이명박 대통령께서는 선진화는 절대로 부정부패와 함께 갈 수 없다고 말씀하셨습니다.

장사나 사업을 해본 사람들이 겪는 공통된 경험이 있습니다. 불법 영업 단속, 위생점검, 소방점검, 세무조사 등 '업무'라는 명목으로 관련 공무원들이 수시로 사업장을 찾아옵니다. 이들에게 밉보일까 봐 신체적 속박을 비롯해 영업정지, 벌금, 추징을 당할까 전전긍긍하기 일쑤이며, 평소 '인사치레'를 해둬 화를 대비합니다. 불법 행위의 소지가 다분한 룸살롱을 운영하려면 말할 것도 없습니다.

구속된 업주는 '삐끼'로 출발, 10년 만에 '강남 밤의 큰손'으로 불릴 정도로 룸살롱 업계에서는 성공한 모델로 통합니다. 입에 담기도 껄끄러운 불법 변태 영업 덕택입니다.

최근 5년간 3,600억 원의 매출에 300억 원의 순익을 올렸다고 합니다. 이렇게 번 돈으로 벤츠, 아우디를 비롯해 최고급 외제차를 굴렸고 매달 한 차례 이상 마카오, 홍콩 등으로 여행 다니며, 고급 아파트와 빌라도 친인척 명의로 사놨습니다. 세금 포탈액만 100억 원에 육박한다고 합니다.

그런데도 이를 관리 감독하는 경찰, 세무서, 구청은 10년 동안 까맣게 모르고 있었다고 주장합니다. '바지사장'을 내세워 재산을 숨겨놓은 탓에 추적하기 힘들었다는 궁색한 변명을 늘어놓고 있습니다.

이런 방식이 유흥업계의 관행이라는 점은 공무원 빼놓고 다 아는 사실입니다. 이런 불법과 결탁을 뻔히 알면서도 언제까지 방치할 것인가요!

2010년 8월 10일

영, 유아에 대한 지원은 계속해서 유지하라

이명박 대통령께서는 영, 유아에 대한 지원은 계속해서 유지할 것이라고 말씀하셨습니다.

'아이를 믿고 맡길 곳이 없다' 우리나라가 왜 세계 최저출산율을 헤매는지 물을 때마다 나오는 대답입니다. '맡길 곳'이 아니라 '믿고 맡길 곳'이란 점에 주목해야 합니다. 그간 정부의 저출산 정책이 별 효과를 거두지 못한 주요 원인이 바로 이 차이를 간파한 탓이기 때문입니다.

전국적으로 설립된 보육시설은 3만 3,400여 개, 142만여 명이 이용 가능하지만, 실제 다니는 아이들은 113만 5천여 명에 불과합니다. '맡길 곳'은 차고 넘친다는 얘깁니다.

그러나 인간 보육시설은 값싸고 시설과 인력의 질도 좋아 부모들이 '믿고 맡길 곳'이라 여기는 국공립 시설은 전체의 15.5%

인 1,826개(2008년 현재)에 그칩니다. 대기자 수가 12만 명에 달해 애를 낳기도 전에 줄부터 선다는 소리가 나올 지경입니다.

중소기업의 현실은 훨씬 나쁩니다. 80만 근로자들이 일하는 23개 국가산업단지 내 보육시설이 고작 16곳밖에 안 됩니다. 10만여 명이 근무하는 구로디지털단지 내 보육시설이 단 2곳뿐이어서 보살핌을 받을 수 있는 영, 유아가 199명에 지나지 않습니다.

지난해 국가산업단지 내 기업 가운데 보육 문제로 인력 관리에 어려움을 겪는다는 기업이 44.1%에 달했습니다.

정부는 입만 열면 보육시설을 늘리겠다고 했습니다. 그런데 보육시설 하나 설치하려면 4~5개월 동안 6개 부처를 댕댕이 돌면서 300개 관련 법규의 확인 절차를 거치도록 만들어놓고 무슨 재주로 보육시설을 늘리겠다는 말인가요!

2011년 2월 28일

불법 다단계
엄중히 사법처리 하라

이명박 대통령께서는 자신의 업무를 잘못하는 장관이 있으면 나에게 이야기하라고 말씀하셨습니다.

가난 때문에 고수익 꿈을 좇아 이런 지경에 이르게 된 대학생들은 불법 다단 계 업체의 희생물일 뿐입니다. 세뇌와 통제 속에서 불법 대출까지 받아 물건을 강제로 구입하고 동문과 친구 등 다른 희생양을 끌어들이게 됩니다. 결국, 남는 건 빚과 신용불량자로의 전락입니다.

경제적 피해로만 끝나는 게 아니라 몸이 병나고 가족 친구들과의 관계가 파탄 나기도 합니다. 불법 다단계 피해자 가운데 자살하거나 정신질환에 시달리는 사람이 매년 수십 명에 이른다는 게 경찰 추산입니다. 불법 다단계야말로 우리 사회를 병들게 하는 크나큰 해악입니다. 불법 다단계 업체들은 무규제에 가까운 방문판매로 위장해 법망을 교묘히 피하고 있습니다.

이러니 이들 불법 다단계 업체에 내린 공정위의 시정명령과 과징금 부과가 법원에서 취소 판결을 받기 일쑤입니다. 불법 다단계 업체들이 법의 사각지대에서 계속 활개 치도록 내버려 둬선 안 됩니다.

그럴수록 거여, 마천 지구 대학생 같은 피해자가 속출하고 피해 규모도 커질 수밖에 없습니다. 엄연히 다단계 업체인데도 방문판매업체 껍데기를 쓰고 불법을 저지르는 것을 막기 위해 애매모호한 방판법부터 손질해야 합니다.

경찰과 공정위의 단속과 처벌도 지금처럼 느슨해선 안 됩니다. 단순한 시정명령이 아니라 엄중한 처벌을 통해 불법 다단계가 발붙이지 못하도록 하는 대책이 시급합니다.

2011년 10월 31일

공무원 보수 인상보다 서민 고통 분담할 때다

이명박 대통령께서는 공직자에게는 공직윤리가 있고 노동자에게는 노동윤리가 있다고 말씀하셨습니다.

정부는 올해 공무원 보수를 3.5% 올리겠다고 했는데 올해 물가 목표 3.2%보다 높은 수치입니다. 올해 예산의 44%를 1분기에 배정해 연초부터 재정을 넉넉히 풀기로 한 것도 물가 관리에 나쁜 영향을 끼칠 겁니다. 정부가 솔선수범해도 물가 목표를 지키기 어려운데 공무원들이 자기 월급부터 올리겠다고 하니 민간의 물가안정 심리가 흔들리지나 않을까 걱정입니다.

시장 물가는 정부의 관리 대상으로 삼으면서 '공무원 봉급만은 예외'라는 말입니까! 지난해 근로자의 실질 소득은 3.5% 감소했으며, 외환위기 때인 1998년과 글로벌 금융위기를 맞은 2008년에 이어 역대 3번째로 나쁜 수치입니다. 반면 공무원의 봉급은 5.1% 올라 작년 물가상승률(4%)을 훌쩍 넘는 '홀로 강세'였습니다. 민관 사이에 온도 차이가 컸습니다. 더구나 공무원은 국가공무원에 이어 6급 이하 지방공무원의 정년도 종전 57세에서 단계적으로 늘어나 2013년에는 5급 이상 공무원과 같은 60세가 됩니다. 100세 시대를 준비해야 할 여건에서 정년 연장을 나무랄 순 없습니다.

그렇지 않아도 청년 구직자가 공무원, 공기업 시험에 매달려 수백 대 일의 경쟁률을 기록하는데 젊은이들이 공무원 취업에만 몰리는 현상은 인재 균형 수급에 나쁜 영향을 주고 있습니다. 올해도 공무원 봉급만 예외적으로 올린다면 인재의 공공부문 편중이 더 심해져 국가 발전의 장애 요소가 될 수 있습니다.

유럽의 재정위기와 미국의 경제침체로 올해 경제 여건이 어렵고 물가 환경 역시 만만치 않습니다. 모두가 고통을 나눠야 할 시기에 국민에게 고통 분담을 요구하려면 공무원이 먼저 허리띠를 졸라매는 모습을 보여야 하며, 그게 공복의 올바른 자세입니다.

2012년 3월 20일

국회의원 세비 인상 부끄럽지 않나

이명박 대통령께서는 남과 북이 정상적인 관계의 도래 위에 서야 한다고 말씀하셨습니다.

국회의원 세비 가운데 일반 수당은 공무원 수당 인상률(3.5%) 수준에 맞춰졌습니다. 국회의원에게 매달 지급되는 입법 활동비는 2010년 180만 원에서 지난해 12월 313만 6천 원으로 74%나 크게 인상됐습니다. 여론의 눈총을 피하면서 실질적으로 세비를 인상하는 효과를 노린 꼼수입니다. 국회사무처는 입법 활동비를 대폭 인상한 데 대해 "국회의원들이 장관급 예우에 맞는 수당 인상을 원했기 때문"이라고 했지만 궁색합니다.

여야는 지난해 12월 세비를 크게 올렸을 때 이 사실을 공개하지 않았습니다. 이한구 새누리당 원내대표가 "이번 정기국회 때 대충대충 하다가는 분명히 추가 세비 반납 이야기가 나올 것"이라며 세비 인상을 언급하면서 뒤늦게 알려졌습니다. 이 원내대표의 예상치 못한 발언이 없었다면 국민은 까마득히 모르고 지나갈 뻔했습니다. 국민을 속이려다 얼떨결에 들통이 난 것입니다.

박재완 기획재정부 장관은 올해 경제성장률이 2%대로 떨어질 가능성을 언급했습니다. 저성장 우려 말고도 눈덩이처럼 불어나는 가계 부채와 내수 침체 문제가 겹치면서 우리 경제가 일본과 같은 장기 부진에 접어든 것이 아니냐는 우울한 분석이 나오고 있습니다.

이런 판국에 "오직 국민을 위해 일한다"라고 입버릇처럼 떠들어 온 국회의원들의 세비 인상 소식을 접한 서민의 속은 부글부글 끓어오릅니다. 대통령 선거를 앞두고 대선주자들이 장밋빛 청사진을 경쟁적으로 쏟아내고 있지만, 국민의 허탈감을 다독이는 일이 더 급해 보입니다.

여야는 19대 국회 출범과 함께 국회의원 겸직 금지, 무노동 무임금 등 '특권 내려놓기' 경쟁을 벌였습니다. 국회쇄신특별위원회도 출범했지만 정작 자신들의 밥그릇 문제만 나오면 시치미를 뚝 떼면서 여야 정치권이 다시 '특권 내려놓기' 운운한다면 대선을 의식한 '정치 쇼'로 비칠 뿐입니다. 국회의원들이 진정으로 국민 눈높이에 맞는 정치를 실천할 의지가 있다면 당장 세비 인상부터 철회해야 합니다.

2012년 10월 31일

장애인의 억울한 옥살이 밝혀라

이명박 대통령께서는 한반도 비핵화는 남북은 물론 6자회담 합의일 뿐 아니라 안보리 결의에 따른 구체적 의무로서 반드시 지켜져야 한다고 말씀하셨습니다.

범죄자를 수사하고 재판하는 형사사법 시스템은 오판의 위험성을 내포하고 있습니다. 판사와 검사가 무고한 피의자, 피고인은 없는지 끊임없이 풀어야 하는 건 그 때문입니다. 특히 사회적 약자들에 대해선 최대한 방어권이 확보될 수 있도록 해야 합니다. 수원역 노숙 소녀 살인사건을 보면 법원과 검찰이 그 책임을 다하지 않았음을 확인할 수 있습니다.

재심 판결이 나오기까지 수사와 재판 과정을 보면 과연 법치국가가 맞는지 되묻지 않을 수 없습니다. 경찰은 지적 수준과 판단 능력이 떨어지는 정 씨와 지적장애가 있는 강 씨를 상대로 자백을 종용한 것으로 나타났습니다. 검찰은 이 수사 결과를 그대로 받아들여 정 씨를 살인 혐의로 기소했습니다. 1심에서 징역 7년을 선고받은 정 씨가 "강압 수사로 허위로 범행을 자백했다"고 항소했으나 2심 재판부는 형량을 깎아주는데 머물렀습니다. 경찰의 수사 잘못이 검찰 기소와 법원 재판 단계에서 걸러지지 않은 것입니다.

'확실한 증거가 없다면 설령 피고인에게 유죄의 의심이 간다 해도 피고인의 이익으로 판단할 수밖에 없다'라는 원칙은 지켜지지 않았습니다. 변호사가 발 벗고 나서지 않았다면 정 씨에겐 평생 살인자란 낙인이 따라다녔을 것입니다. 더 심각한 문제는 수사와 재판 과정에서 노숙자, 지적 장애인, 가출 청소년 등이 강압 수사의 대상이 되기 쉽다는 점입니다.

재심 재판부는 정 씨에게 무죄를 선고하면서 "너무 늦게 무죄가 나와 안타깝다"라고 했습니다. 그런 위로만으로 부족합니다. 경찰, 검찰, 법원은 정 씨 수사와 재판 과정에 대해 강도 높은 자체 조사를 벌여야 합니다. 그 결과를 국민 앞에 공개하고 수사 투명성 제고와 국선 변호 보강 등 대책을 내놓아야 합니다. 그러지 않고서는 사회적 약자라는 이유로 억울한 옥살이를 하는 경우는 또다시 재현될 것입니다. '돈과 힘이 없으면 유죄'라는 일그러진 신화가 살아있는 한 한국의 사법은 신뢰를 받을 수 없습니다.

2012년 11월 20일

공기관 낙하산
인사 편법

이명박 대통령께서는 자유민주주의를 부정하는 세력이 있는 현재 상황을 심각하게 인식하고 있다고 말씀하셨습니다.

금융감독원 간부(2급) A 씨는 지난해 3월 퇴직한 다음 날 시중은행 감사로 재취업했고, 공정거래위원회 B 과장도 지난해 5월 퇴직한 지 20일 만에 한 기업체의 고문으로 들어갔습니다. 여야 의원들이 공개한 최근 2~4년 중앙부처 고위공무원의 재취업 실태에서 드러난 사례로, 최근 금감원 1~2급 출신 간부의 90%가 시중은행, 저축은행, 증권, 보험사 같은 피감기관의 감사 등으로 재취업했습니다. 공정위의 최근 2년간 4급 이상 퇴직자 중 58%는 대기업 자문역이나 로펌 고문직 등을 얻었습니다. 문화체육관광부나 교육기술과학부의 퇴직 간부 절반도 유관기관에 들어갔습니다.

공직윤리법은 공무원과 공직 유관 단체에 임직원이 퇴직 전 일정 기간 직무와 관련됐던 업체에 퇴직 후 2년간 취업하지 못하도록 규정하고 있습니다. 이해관계가 걸린 '로비 창구'나 '방패막이'가 되는 유착을 끊기 위해서지만, 일부 기관은 퇴직을 앞둔 시점에 '보직 세탁'을 해줘 업무 관련성 규정을 피해 갔습니다. 지난해 10월 공직자윤리법이 개정돼 '퇴직 전 3년간'의 직무 관련성을 5년으로 대폭 강화한 것도 이런 꼼수를 막기 위해서입니다.

민간으로 자리를 옮기면 과거의 부하들을 상전처럼 모셔야 할 판이라 현직에 있을 때부터 '좋은 게 좋다'는 식으로 대하기 쉽습니다. 이래서야 공기관의 위계와 지휘 감독 체계가 제대로 서기 어렵습니다. 자신들이 낙하산으로 옮겨갈 가능성이 있는 민간단체나 대기업에 대해서는 함부로 하지 않는 대신, 앞으로 신세질 가능성이 적은 중소기업에는 원리원칙대로 할 소지도 큽니다.

한국경제는 관치금융과 정경유착을 통해 대기업 중심의 경제성장 모델을 만들었습니다. 이 과정에서 전, 현직 공직자들이 전관예우 관행을 통해 부패와 도덕적 해이의 공생관계를 형성했습니다. 퇴직 공무원을 통해 유지되는 공생의 부패 고리를 끊지 못하면 '시장 실패'보다 큰 '정부 실패'로 이어질 수 있습니다. 부당한 정부 개입을 차단하는 일이 진정한 경제민주화로 가는 길입니다.

2012년 11월 30일

장례 문화 감독 철저히 하라

이명박 대통령께서는 독도는 진정한 우리의 영토이고 목숨 바쳐 지켜야 할 가치가 있는 곳이니 긍지를 가지고 지켜나가자고 말씀하셨습니다.

우리 사회에서 과거 매장 중심의 장묘문화가 빠른 속도로 변하고 있습니다. 화장률만 하더라도 지난해 71.1%에서 2017년이면 79.9%에 이를 것으로 추산됩니다. 이에 대처하기 위해서는 무엇보다 화장장부터 늘려야 합니다.

바람직한 장례 문화는 화장을 한 망자의 유골을 납골당에 안치하거나 자연장으로 모시는 것입니다. 그러나 우리 사회는 아직도 매장 문화에서 완전히 벗어나지 못하고 있습니다. 최근 여론조사에서 매장 못지않게 자연장을 선호하는 추세라지만 자연장을 어색하게 여기는 분위기는 여전히 강합니다.

그러다 보니 화장을 하고도 유골을 봉분 형태로 매장하는 사례가 있는가 하면, 지방자치단체가 자연장 시설을 만들어놓아도 호응이 낮습니다. 장례 문화 개선을 위해서는 무엇보다 시민의 인식부터 달라져야 한다는 것입니다.

장례 서비스 개선도 시급한 과제입니다. 장례식장에서 유골함 등 장례용품을 팔면서 바가지를 씌우거나 강매하는 행위가 없어져야 한다는 얘기입니다. 유족으로서는 망자를 되도록 편히 모셔야 한다는 생각에다 장례가 평생 몇 번 되지 않기 때문에 화가 치밀어도 그냥 넘기기 일쑤입니다.

그동안 이런 문제가 수없이 지적됐지만 좀처럼 개선되지 않고 있습니다. 장례식장을 신고제에서 허 가제로 바꾸겠다는 등의 정부 방침은 때늦은 감이 없지 않습니다.

이 같은 정부의 장사시설 수급 종합계획은 지방자치단체와 협조가 없으면 실효를 거두기 어렵습니다. 이런 점에서 자치단체부터 장례 문화 개선의 필요성을 실감하고 정부 정책에 적극 협조해야 합니다. 정부의 유인책이 필요함은 말할 나위가 없습니다.

2012년 12월 31일

정부에 대한 정책 상정

04

박근혜 대통령의 '박근혜 정부'

'박근혜 정부'는 국민의 신뢰를 바탕으로 이뤄져야 한다는 취지에서 민의를 청취하여 '국민의 소리'를 상정합니다.

양극화 문제 심각하다

박근혜 대통령께서는 취임사에서 깨끗하고 투명하고 유능한 정부를 반드시 만들어서 국민의 신뢰를 얻겠다고 말씀하셨습니다.

국민 대다수는 우리의 양극화 문제가 심각함을 피부로 느끼고 있습니다. 한편에선 월 소득 100만 원 안팎의 저임금 근로자가 수두룩한데 다른 한편에선 수 억에서 수십억 원의 거액 연봉자가 늘어나고 있습니다. 사상 최대 순이익을 올 린 일부 대기업의 성과급 잔치를 보면서 서민들이 박탈감을 맛보고 있습니다.

소득 불평등을 방치하면 사회적 갈등과 대립이 필연적으로 따르고 경제성장도 어려워지며, 빈곤층이 제대로 교육받지 못해 국가 전체적으로 인적자원이 부족해지기 때문입니다.

소득 불평등을 완화하려면 빈곤 계층에 대한 사회 안전망이 지금보다 강화되어야 합니다. 우리나라는 선진국에 비해 정부의 복지정책들이 재분배 효과를 내는데 그다지 효력을 발휘하지 못하고 있습니다. 정부가 한정된 재원을 갖고 복지 혜택을 빈곤층에게 더 효율적으로 전달할 수 있는 시스템을 구축해야 합니다.

소득 불균형의 원인 중 하나인 서비스 산업의 낮은 생산성을 끌어올릴 대책도 서둘러야 합니다. 국내 제조업의 생산성은 선진국 수준인 반면 서비스업은 60% 수준에 머물러 있습니다. 저숙련 근로자들이 도소매, 음식, 숙박업 같은 전통 서비스업에 몰려든 결과 전체 임금 근로자 가운데 중의 임금의 3분의 2 에 미치지 못하는 저임금 근로자 비중이 25.9%로 OECD 회원국 중 가장 높습니다.

새 정부는 소득 불평등을 해소하는 방안으로 복지 지출을 늘리는 접근법만 쓸 것이 아니라, 서비스 산업 중소기업의 생산성을 높이고 교육 시스템을 혁신해 국가 경제가 균형 있게 성장할 수 있도록 하는 더 큰 그림을 그려야 합니다.

2013년 3월 20일

청소년
인성교육 절실하다

박근혜 대통령께서는 국민의 생명과 대한민국의 안전을 위협하는 그 어떤 행위도 용납하지 않겠다고 말씀하셨습니다.

청소년들의 물질만능주의는 사실 어제오늘의 얘기는 아닙니다. 얼마 전 한 초등학교 졸업생의 60%가량이 장래 희망을 '돈 많이 버는 의사'라고 답해 기성세대에 허탈감을 주기도 했습니다. 한국사회의 미래를 짊어진 청소년들의 자화상이라고 믿기엔 가슴 답답한 노릇입니다. 황금만능주의를 청소년들의 탓으로만 돌릴 수 없는 게 현실입니다.

줄 세우기가 일상화된 경쟁 위주의 교육하에서 올바른 가치관을 기대하기는 애초부터 무리입니다. 실용주의가 강조된 이명박 정부 들어 학교 교과서에서 '노동의 가치' 항목이 사라진 대신 재테크와 돈 잘 버는 유망직종이 자리를 차지한 게 현실입니다. 청소년들에게 영향력이 큰 방송 프로그램도 예외는 아닙니다. 최근 인기를 끌고 있는 〈청담동 엘리스〉라는 방송 드라마를 보면 재벌 2세 남자와 결혼하기 위한 전략을 '비즈니스'의 하나로 묘사하고 있습니다.

툭하면 불거지는 권력층 비리도 청소년들이 보고 배울 게 없는 한국사회의 병든 모습 그대로입니다. 이명박 대통령의 큰형 이상득 전 의원과 최시중 전 방송통신위원장은 얄팍한 권력을 등에 업고 억대의 금품을 받아 감옥생활을 하고 있습니다. 권력이 곧 돈으로 연결되는 부패 고리를 끊지 않는 한 청소년들에게 '공정사회'는 뜬구름 잡는 얘기일 뿐입니다.

언제부터인지 청소년들에게 '대통령이 꿈'이라는 장래 희망이 사라졌습니다. 최소한 몇 명이라도 대통령이 장래 희망이라고 당당하게 대답할 수 있어야 합니다. 이런 면에서라도 박근혜 대통령 당선인이 이끌 새 정부의 책무가 막중하기 이를 게 없습니다.

2013년 3월 30일

공무원만 행복한 사회

박근혜 대통령께서는 나라의 국정 책임은 대통령이 지고 나라의 운명은 국민이 결정하는 것이라고 말씀하셨습니다.

공기업에 공무원 출신이 많다는 게 문제는 아닙니다. 설령 공무원이라 해도 정당한 경쟁을 통해 능력 있는 사람이 선임됐다면 문제 될 게 없지만 실제로는 그렇게 운용되지 않고 있다는 것입니다. 선임 절차가 대단히 불공정하며, 그 이면에 숨어있는 공무원들의 '끼리끼리' 의식과 특권 의식이 문제입니다.

이미 공무원 사회에서는 공기업은 자신들의 퇴직 후 갈 자리라는 인식이 뿌리 깊게 박혀 있습니다. 2급 공무원은 사장, 3~4급은 임원이라는 등식이 그것입니다.

그러니 아무리 공채 형식을 갖춰도 실제 운용은 불공정하게 진행됩니다. 더 큰 문제는 이로 인해 낭비되는 국민 세금입니다.

선배 공무원이 임원으로 가 있으니 후배 공무원이 제대로 감시하기 어렵고, 공무원 도움을 받아 임원이 됐으니 지자체가 요구하는 건 다 들어줄 수밖에 없는 구조입니다. 지방 공기업이 경제적 타당성이 없는 사업을 마구 벌이는 이유입니다. 지방 공기업이 엄청 난 부실에 허덕이고 있는 것도 따지고 보면 이 때문입니다.

한 민간연구원 분석에 따르면 지방 공기업 가운데 10곳 중 4곳은 수익으로 빌린 돈의 이자도 못 낼 정도입니다. 최근 8년간 누적 순손실이 무려 3조 원이고 부채는 68조 원으로 지방예산의 절반이나 됩니다. 이런 공기업이 만일 파산하면 지자체가 다 물어줘야 하니 그 돈은 국민의 세금입니다.

더 이상 이런 행태가 방치돼선 안 됩니다. 공무원만 행복한 사회가 '국민 행복 시대'가 아닙니다. 답은 이미 나와 있습니다. 무분별한 낙하산 인사와 터무니없는 전관예우는 더 이상 용인돼선 안 됩니다. 선임 절차도 고쳐야 하고, 공무원들의 '끼리끼리' 의식도 확 바꿔야 합니다.

2013년 4월 20일

정년 연장으로 경제 살리자

박근혜 대통령께서는 '민원카드'를 작성해 한 사람의 문제가 끝까지 해결될 수 있도록 각 부처가 노력해 달라고 말씀하셨습니다.

55~64세 인구층의 73.9%가 '일하고 싶다'라는 생각을 하고 있습니다. 요즘의 87세 건강이 170년대의 70세 건강과 비슷하다는 연구 결과가 있습니다. 반면 65세 이상 노인의 61%가 노후 준비가 돼 있지 않다고 대답했습니다. 노년층의 일할 의욕, 능력과 일해야 할 필요는 분명하게 드러나 있습니다.

그러나 직 장인들은 평균 53세이면 기업에서 밀려나고 있습니다. 퇴직 후 커피점, 식당, 빵 가게 같은 생계형 자영업에 손을 댔다가 퇴직금이나 얼마 안 되는 재산을 털어먹고 곤궁한 말년을 보내야 하는 사람이 부지기수입니다.

정년 연장이 고령 사회 노인 문제의 유일한 해결책은 아닙니다. 정부와 기업 이 회사를 그만둔 퇴직자가 건강과 지적 능력에 맞는 새 일자리를 갖도록 도와주는 것도 방법입니다.

새로운 직업이 속속 탄생하고 직업에 필요한 지식, 기술이 끊임없이 변화해가는 시대에 20대 초반까지 배운 지식을 갖고 30년 이상 직장에서 버티기란 힘든 일입니다. 그러나 기업들이 40대 중반 30대 초반 직장인들에게 새 지식을 습득할 재교육의 기회를 준다면 이들은 퇴직 후 2모작 인생을 새 출발을 모색할 수 있습니다.

대학은 중장년층을 상대로 한 실용 지식과 전직, 창업에 필요한 기술을 가르치는 평생교육 기관의 역할을 하고, 정부는 세제 혜택과 교육비 보조로 재교육을 지원할 수 있을 것입니다. 인생 후반기에 새 일자리를 가진 노년층은 일을 통해 삶의 보람과 경제 여유도 얻고, 연금에도 덜 의존하고 건강보험료도 내면서 활동적 경제인으로 국가와 사회에 기여할 수 있습니다.

2013년 4월 30일

하루 노역 5억 원
국민은 분노한다

박근혜 대통령께서는 우리는 한 사람 한 사람이 어떻게 노력하느냐에 따라 대한민국의 운명이 달라진다고 말씀하셨습니다.

광주고등법원이 500억 원을 탈세하고 100억 원을 횡령한 혐의로 기소된 대주그룹 허재호 회장에게 벌금 254억 원을 선고하면서 벌금을 내지 않고 노역할 경우 하루 일당을 5억 원으로 계산한 것으로 드러났습니다. 50일간 구치소 작업장에서 일하면 벌금 254억 원을 모두 탕감받게 해준 것입니다.

형법에 벌금형 판결을 받고도 정해진 기간 안에 벌금을 내지 않으면 최장 3년간 구치소에 수감 돼 작업장에서 노역해야 합니다. 법원은 3년 범위 안에서 적절한 수감 일수를 정하고 벌금액을 그 일수로 나눠 일당을 산정합니다. 일당을 높게 계산할수록 구치소 수감 기간이 줄어듭니다. 1심인 광주지법은 허 회장에게 벌금 508억 원을 선고하고 이 돈을 내지 않을 경우 일당을 2억5

천만 원으로 계산해 203일 동안 노역하도록 했습니다. 그러나 2심인 광주고법은 벌금을 254억 원으로 깎고 일당을 5억 원으로 높였으며, 이 판결은 2011년 대법원에서 확정됐습니다.

노역 일당 5억 원은 지금까지 나온 판결 중 최고 액수입니다. 탈세 혐의로 2008년 벌금 1,100억 원을 선고받은 이건희 삼성그룹 회장의 일당은 1억 1천만 원이었습니다. 이 회장이 벌금을 내지 않는다면 꼬박 1,000일을 구치소에서 일해야 하는 액수입니다. 일반 서민의 경우 90% 이상 판결이 노역 일당을 5만 원으로 잡습니다. 벌금이 500만 원 돼도 100일을 구치소에서 보내야 합니다. 법원이 수백억 원을 탈세, 횡령한 허 회장에게 일당을 5억 원으로 계산해 50일만 일하게 한 것은 누가 봐도 봐주기 판결이 아닐 수 없습니다.

1, 2심 재판장은 모두 광주, 전남 지역에서만 근무해온 향판이고 허 회장은 지역 유지입니다. 향판과 지역 기업인의 관계도 의심할 수밖에 없습니다. 현행법은 노역 일당을 법관이 재량껏 정하도록 하고 있습니다. 법관들의 봐주기 판결을 막기 위해선 벌금 액수에 따라 노역 일당 상한선을 법으로 정할 필요가 있습니다.

2014년 4월 10일

헌법재판소는 시위 현장을 보라

박근혜 대통령께서는 우리 경제는 발전하느냐 주저앉느냐의 길목에 서 있다. 어떻게 해서든지 불타는 애국심으로 경제발전을 해내자고 말씀하셨습니다.

헌법재판소는 야간 시위를 금지한 집회 및 시위에 관한 법률 규정은 위헌이라며, 해가 진 후라도 자정까지는 야간 시위를 허용해야 한다고 결정했습니다. 이 법 제10조는 '해가 뜨기 전이나 해가 진 후에는 시위해서는 안 된다'고 야 간 시위를 금지하고 있습니다.

헌재는 "야간 시위는 낮 시위보다 질서를 유지 시키기가 어렵고 다른 사람의 평온함에 미치는 영향도 크기 때문에 일정한 제한이 필요하지만, 해가 뜨기 전이나 해가 진 후 일률적으로 시위를 금지하는 것은 지나친 제한이어서 위헌"이라고 했습니다. 헌재는 "국민의 일반적 생활 형태, 집회, 시위의 대체 적은 소요

시간, 대중교통의 운행 시간, 도심지 점포와 상가의 운영 시간 등을 종합해볼 때 자정까지는 시위를 허용해도 공공의 안녕질서와 평화를 침해할 위험성이 크다고 할 수 없다"라고 했습니다.

헌재는 2009년 야간 옥외집회를 금지한 집시법 규정도 위헌이라고 결정했습니다. 이번에 자정까지의 야간 시위를 허용함에 따라 이제 야간 집회 시위가 가능해졌습니다.

야간 시위가 금지돼있는 지금도 노동과 좌파 단체들을 비롯한 단골 시위 부대들은 집회와 시위를 열었다 하면 밤늦게까지 수천 명씩 도심 이곳저곳을 몰려다니며, 큰길을 불법 점거해 교통을 마비시키고 난장판을 만듭니다. 그때마다 시민들은 확성기 소음으로 고문을 당해야 합니다. 불법을 제지하려고 나선 경찰관들이 쇠막대에 얻어맞는 일도 자주 벌어집니다.

헌법재판소가 도심에서 좀 외진 곳에 있어서 재판관들이 그런 난장판 시위의 실상을 정확히 알 수 못할 수도 있습니다. 그러나 서울 광화문이나 서울시청 부근 도심에서 직장 생활을 하거나 점포를 운영하는 사람들은 연간 수십 일씩 집회와 시위로 헤아릴 수 없는 고통을 받고 있습니다. 이런 상황에서 야간 집회에 이어 야간 시위까지 허용했으니 앞으로 무슨 일이 벌어질지 겁이 나기만 합니다.

2014년 4월 30일

벼랑 끝 '낀 계층' 주빈 층 구제하자

박근혜 대통령께서는 국민의 입장에 서서 가급적 되는 방향으로 규정을 해석하는 공무원에 대해선 나중에 다시 문제가 생기더라도 감사에서 면책해주는 제도를 검토할 필요가 있다고 말씀하셨습니다.

정부 지원에서 제외된 저소득층, 즉 차상위계층이 많습니다. 직업 안전성이 떨어지는 이들은 병이나 사고를 당하면 바로 일자리를 잃기가 십상입니다. 수입은 끊기고 제대로 치료받지 못하면서 가진 돈마저 다 쓰게 되면 바로 극빈층으로 추락합니다. 한번 빠진 가난의 늪에서 벗어나기는 여간 어렵지 않습니다.

보건, 의료, 복지 인력이 병원에서 한꺼번에 통합서비스를 제공하면 극빈층 추락을 어느 정도 줄일 수 있을 겁니다.

최저생계비 이하의 극빈층이지만 부양의무자의 소득, 재산 기준 등에 걸려 정부 보호를 못 받는 사람은 117만 명(2010년 기준)에 이릅니다. 이들은 일반 서민층과 극빈층 사이에 있는 '낀 계층' 입니다. 대부분 성실한 근로자이지만 외부 충격을 받으면 가난의 바닥으로 떨어질 가능성이 큰 계층입니다.

이들에 게 절실한 복지 키워드 3가지는 '부양가족 기준 완화', '신속한 생계 지원', '적절한 질병 관리' 로 서울 송파구 세 모녀 사건이 대표적입니다.

이 가정은 60대 어머니와 30대 두 딸로 구성된 가구였습니다. 식당 일을 하는 어머니가 가장 노릇을 했고, 두 딸은 카드빚으로 신용불량 상태인 데다 큰딸은 고혈압과 당뇨를 앓고 있었습니다. 어머니 박 모 씨가 식당 일을 마치고 귀가하던 길에 미끄러져 다치면서 비극이 시작됩니다.

사고로 근로 능력을 상실했지만 두 딸은 부양의무자로 돼 있어 당장 기초생활 보장 대상이 될 수 없었습니다. 긴급한 사정이 생겼지만, 제도는 그만큼 신속하게 움직이지 않았습니다.

세 모녀의 비극은 "우리 사회의 복지전달체계가 그런대로 잘 갖춰져 있을 것"이라는 안이한 생각에 경종을 울린 사건이었습니다. 사건 직후, 여야를 막론하고 수급 대상자를 확대해야 한다는 데 한목소리를 냈습니다. 복지전달체계가 허술해 보완이 필요하다는 공감대가 형성된 것은 천만다행입니다.

지금부터 해야 할 일은 정책의 우선순위를 정하고 실질적인 대책을 마련하는 것입니다. 벼랑에 선 '낀 계층'의 추락을 막아줄 지지대, 추락하는 근로 계층을 건져 올릴 뜰채가 무엇보다 필요합니다. '세 모녀 대책법'에 반드시 들어가야 할 핵심 내용은 부양기준 완화와 신속한 질병 관리, 생계 지원입니다.

2014년 5월 20일

무능한 '철밥통' 퇴출시켜라

박근혜 대통령께서는 공무원이 규제 개혁에 저항하거나 미온적 태도를 갖게 된다면 반드시 책임질 수밖에 없고 이것은 큰 죄이기 때문이라고 말씀하셨습니다.

정부가 공직사회 '철밥통' 관행을 뿌리 뽑기 위해 공무원 신분보장의 제외 대상을 현행 차관보급인 1급(관리관) 이상에서 국장급인 2급(이사관) 이상으로 확대하는 방안을 추진하고 있습니다. 세월호 참사로 낱낱이 노출된 관료들의 무능과 무사안일, 복지부동의 적폐를 타개하기 위한 인사개혁 방안입니다. 이렇게 되면 한번 공무원에 임용되면 큰 사고를 치지 않는 한 정년(60세)까지 안주할 수 있는 공직사회의 적지 않은 변화가 있을 것으로 예상됩니다.

지난해 2,000명을 뽑는 9급 공무원직에 20여만 명이 몰릴 만큼 공시족이 느는 이유가 신분보장 때문입니다. 박근혜 대통령께서는 '자리보전을 위해 눈치 만 보는 공무원의 퇴출 조치'를 총리실에 지시했으나 최근 5년간 무능이나 태만을 이유로 퇴출된 공무원은 0.008%에 불과합니다. 고위공무원뿐 아니라 하위직 공무원에게도 엄격한 인사 평가와 함께 적극 정년을 도입해 철밥통을 회수할 필요가 있습니다.

무능한 공무원들을 중도 퇴출시키는 것 못지않게 민간 분야에서 우수한 전문가를 공직사회로 영입하는 일도 매우 중요합니다. 미국 등 선진국에서는 공직 자격 요건과 직무 성격을 명시해 전문가를 공개경쟁 방식으로 채용합니다. 정부는 고시 충원의 비율을 점진적으로 줄이고 개방형 임용제를 확대해야 합니다. 정권의 명운을 건다는 각오로 공직사회 개혁을 추진하지 않으면 공무원들의 반발만 초래해 반쪽 개혁에 그칠 공산이 큽니다.

김대중 정부 때 출범한 중앙인사위원회가 왜 흐지부지됐는지 철저히 분석하고 독립적인 조직을 만들어 공무원 인사개혁을 주도하도록 해야 합니다.

2014년 6월 10일

나랏돈 떼먹는 부패사슬의 먹잇감

박근혜 대통령께서는 지금이야말로 우리 경제가 도약하느냐, 정체하느냐의 갈림길에서 경제를 다시 세울 수 있는 마지막 골든 타임이라고 말씀하셨습니다.

서울중앙지검은 2007년 10월부터 총 3조 4천억 원 규모의 사기 대출을 받고 그 과정에서 한국무역보험공사, 한국수출입은행 등에 금품 로비를 한 박홍석 대표 등 모뉴엘 전·현직 임직원 4명을 기소했습니다. 무역금융 편의를 봐주는 대가로 뇌물이나 향응을 받은 조계륭 전 사장 등 무역보험공사 전, 현직 간부 6명, 수출입은행 전 비서실장, 국세청 과장급 등 10명도 사법처리 했습니다. 박 대표는 컴퓨터 가격을 최대 100배까지 부풀려 수출한 것처럼 속인 뒤 수출대금 채권을 금융기관에 매각해 거액의 대출을 받아 빼돌렸습니다. 선적도 하지 않은 물건을 대상으로 가짜 선하증권을 발급해 은행에 제시했고 분식회계도 서슴지 않았습니다. 모뉴엘은 '연 매출 1조 원 돌파' 등 거짓말을 만들어

언론에 흘렸습니다. 모뉴엘이 파산하면서 미상환 대출액 5,500억 원은 고스란히 금융기관 손실로 넘어갔습니다.

무역보험공사와 수출입은행 등 무역금융을 취급하는 공기업 일부 간부의 부패는 악취가 진동합니다. 모뉴엘은 이 기관들의 임직원에게 총 8억 원의 로비 자금을 뿌렸습니다. 로비 수법도 1회 3천만~5천만 원의 현금 제공, 1회 5백만~1천만 원의 기프트카드 제공, 법인카드 제공, 가족 명의 계좌 송금 등 다양합니다. 고급 유흥업소에서 한 번에 1,200만 원가량의

'초특급 향응'을 받은 이들도 있습니다. 기업의 수출을 돕는 무역금융 제도가 악덕 기업인과 공공기관 간부의 유착으로 사기 행각에 악용된 것은 심각한 문제입니다. 무역 관련 공기업 임직원의 윤리의식 제고와 함께 무역 보험제도의 보증 한도 심사기준 강화가 시급합니다.

무역금융을 비롯한 정책금융은 불가피한 면이 있지만, 옥석을 제대로 가리지 못하면 부패와 비효율을 낳을 위험성이 큽니다. 이번 모뉴엘 사기 대출이나 김대중 정부 시절 벤처 바람 속에 발생한 '진승현 게이트' '이용호 게이트' 같은 사건이 모두 정책금융을 악용한 범죄였습니다. 나랏돈이 부패 사슬의 먹잇감이 되지 않도록 감시 감독에 소홀함이 없어야 합니다. 2015년 2월 28일

노인복지 정책 시급하다

박근혜 대통령께서는 이 정부의 복지 개념은 보육과 미래를 위한 부자라는 개념으로 하고 있다고 말씀하셨습니다.

보건복지부가 발표한 '2014년 노인 실태조사'를 보면 자녀와 동거하는 노인 은 28.4% 정도입니다. 1994년 54.7%였으나 20년 사이에 절반이 됐습니다. 노인 부부끼리 사는 가구는 44.5%, 할머니 또는 할아버지가 혼자 사는 독거노인 은 23.5%였습니다.

30~40년 전엔 노인 수명이 짧아 자녀들의 부모 부양 기간이 길지 않았으나 지금은 90세, 100세까지 사는 시대로 자녀들이 아무리 효자, 효녀라 해도 부모의 은퇴 후 30년, 40년을 봉양하길 기대하기는 어렵습니다.

반면 우리나라 노인복지는 다른 선진국에 비해 크게 뒤처

져 있습니다. 2013 년 유엔인구기금이 각국의 노인복지 수준을 발표한 자료를 보면, 한국은 100점 만점에 39.9점으로 조사대상 91개국 가운데 67위였습니다. 작년 7월 기초 연금제도가 도입돼 65세 이상 노인 중 소득 하위 70%에게 월 10만~20만씩 지급되고 있지만, 씀씀이에 비해 턱없이 모자라는 액수입니다. 국민연금, 공무원연금을 받는 노인은 32%밖에 안 됩니다.

OECD 국가 가운데 한국이 '노인 자살률 1위', '노인 빈곤율 1위'라는 뉴스가 나오기 시작한 지는 벌써 오래됐습니다.

이번 조사에서 노인들의 운동 실천율은 58.1%로 10년 전의 29.3%보다 갑절이 됐습니다. 건강검진을 받는 83.8%로 10년 전 51%보다 크게 늘었습니다. 가족의 돌봄도 받지 못하고 사회적 부양도 빈약한데 수명이 늘어난다는 것은 '노인 난민'의 폭증을 예고하는 섬뜩한 소식입니다.

우리 사회를 이만한 수준으로 성장시킨 공로자들이 지금은 노인 세대입니다. 그 노인들의 82.4%가 여가 시간에 주로 하는 일이 'TV 시청'이라고 답했습니다. 노인들이 갈 곳 없고 할 일도 없어 공원이나 경로당에나 처박혀 있는 사회를 만들어선 안 됩니다. 노인들의 소일거리, 일거리를 노인들 개개인이 해결할 문제로만 놔둬선 곤란합니다.

노인들이 시니어 대학을 다니고 색소폰, 드럼을 즐기면서 새 지식을 습득하고 다른 이들과 어울릴 수 있는 학습, 취미 활동 프로그램을 많이 만들어야 합니다. 노인들이 파트타임으로 일할 수 있는 기회도 최대한 늘려야 합니다.

2015년 4월 30일

법질서 무시한 훼방꾼 문책하라

박근혜 대통령께서는 최근에 어떤 극단적인 문제가 발생해서 안타깝지만 그렇다고 해서 부정부패와 국고 낭비 문제를 그냥 덮고 넘어간다면 우리의 미래는 보이지 않을 것이라고 말씀하셨습니다.

정부가 제주 해군기지 건설 지연에 따른 배상금 273억 원을 시공사인 삼성물산에 물어주기로 했습니다. 당초 2012년 완공 예정이었던 제주 해군기지는 지역주민과 시민단체의 반대로 14개월이나 늦어졌습니다. 해군은 불법시위로 공사를 방해한 단체와 개인에 대해 구상금을 신청할 계획입니다.

대규모 국책사업이 지연돼 국가적 손실을 본 사례는 한두 건이 안 됩니다. 서울외곽순환고속도로 사패산 터널 구간은 2년간 공사가 늦어지면서 5천억 원의 추가 공사비가 들어갔습니다. 도롱뇽을 보호한다는 이유로 지연된 경부고속철 천성산 구간도 145

억 원의 직접 손실이 발생했습니다.

막대한 손실이 나도 지금까지 공사를 방해했던 이들에 대해 구상금 청구 등 손해배상 책임을 묻는 경우는 거의 없었습니다.

지금도 곳곳에서 국책, 공익사업에 대한 반대 운동이 벌어지고 있습니다. 송전탑 건설 반대 시위가 대표적입니다. 밀양 송전탑 반대 시위 등 전국 5개 송전로 건설을 놓고 정부와 지역주민 간의 갈등이 첨예하게 벌어지고 있습니다. 이로 인해 전력 수급 계획도 차질을 빚을 전망입니다.

물론 대규모 국책사업은 환경파괴, 부지 강제수용 등이 수반되는 만큼 지역민과의 갈등을 최소화하기 위한 의견 수렴 절차가 필요하지만 이미 정당한 협의를 거쳐 법적, 절차적으로 하자가 없는 공사까지 방해하는 행태를 그대로 놔둬 선 안 됩니다.

반대 시위 현장엔 해당 사업과 직접 관련이 없는 전문 '시위꾼'들이 개입하고, 이들의 불법 행위로 인한 손해는 고스란히 국민 혈세로 물어내야 하기 때문입니다.

제주 해군기지 공사는 2012년 대법원에서 적법하다는 판결을 받았는데도 반대단체들은 기지 인근에 4층짜리 건물까지 세우며 투쟁을 이어가고 있습니다. 2007년 노무현 정부 때부터 시작한 반대 시위를 기지 완공 후에도 계속 끌어가겠다는 의도입니다. 정부는 불법 행위로 국책사업을 훼방한 사람들에게 적극적으로 민사 책임을 물을 필요가 있습니다. 그래야 법질서를 무시한 불법시위가 사라지고 혈세 낭비도 막을 수 있습니다.

2015년 8월 31일

중대 재해 처벌 강화하라

박근혜 대통령께서는 국민의 신의를 저버리고 국민의 삶을 돌보지 않고 이익을 챙기는 구태정치는 이제 끝내야 한다고 말씀하셨습니다.

국회에는 각계인사 832명 이름으로 '중대 재해 기업 처벌법' 입법 청원서가 제출됐습니다. 입법 청원에는 세월호 유가족, 가습기살균피해자 가족, 해병대 캠프사고 유가족을 비롯해 노동건강연대, 노동인권실현을 위한 노무사 모임 등이 참여했습니다.

입법 추진의 계기는 반복되는 중대 재해에도 정작 책임져야 할 기업과 사업 주들은 법망을 빠져나가거나 솜방망이 처벌로 끝나는 경우가 많다는 데 있습니다. 세월호 참사의 경우 청해진해운 대표는 업무상과실치사 외에 배임죄까지 적용됐지만, 징역 7년에 벌금 200만 원이 고작이었습니다. 10명이 사망하고 128명이 부상한 경주 마우나오션리조트 사고도 원청 시공사 대표는 무죄, 하청업체 대표는 징역 1년 6월 선고에 그쳤습니다. 해병대 캠프 사고도 유스호스텔과 여행사 대표는 무죄, 캠프 대표만 금고 1년 6월이 선고됐습니다.

이번 법안은 이러한 문제의식을 반영해 중대 재해 시 위험방지 의무를 게을리한 사업주, 경영책임자, 인허가 공무원 등 실질적 책임 주체에 무거운 형사 책임을 묻고 기업에 벌금도 대폭 올리는 내용을 담고 있습니다.

즉 사망자가 1명이라도 발생하면 3년 이상의 징역형에 처하고 기업 벌금 상한도 10억 원으로 올리도록 했습니다. 중대한 안전 의무를 위반할 때는 연 매출액의 10%까지 벌금을 물릴 수 있도록 했습니다.

잊을 만하면 대형 참사가 발생하고 경제협력기구(OECD) 국가 중 산재 사망 1위를 기록하는 점을 생각하면 진작에 제정되었어야 할 법입니다. 법안 통과의 열쇠를 쥔 정부와 여당은 기업규제라는 시각에서 벗어나 국민의 안전과 생명을 보호한다는 차원에서 입법을 진지하게 고민하길 기대합니다.

2015년 9월 10일

몰카 인격 살해의 중범죄 철저히 단속하라

박근혜 대통령께서는 국민 여러분께서 마음을 모아 함께 지지해주신다면 역대 정부에서 못한 개혁을 반드시 이뤄내겠다고 말씀하셨습니다.

디지털 기술 발달과 함께 평범한 시민들이 신종 성범죄 피해를 보고 사생활이 노출되는 사례가 확산되는 현상이 예사롭지 않습니다. 최근 파문을 일으킨 국내 워터파크 여성 샤워장 몰카 동영상 촬영자가 잡고 보니 20대 여성이었다는 사실은 큰 충격을 주었습니다.

디지털 기술을 활용한 범죄는 끊임없는 복제 기능으로 인해 한 번 피해를 보면 피해 복구가 안 되는 속성이 있습니다. 게다가 디지털 범죄는 점차 다양한 방법으로 진화하고 있습니다. 가장 흔한 것이 동영상 범죄로 동영상 유포뿐 아니라 동영상이 있다는 루머로 특정인을 공격하는 등 동영상은 그 자체로 협박 무기가 되고 있습니다. 그런가 하면 해킹에 의한 사생활 공개 디지털 범죄도 기승을 부립니다. 최근엔 캐나다의 애슐리 매디슨이란 기혼자 혼외 만남 주선 사이트가 해킹당해 회원 정보가 공개되면서 최소 2명이 자살하는 등 엄청 난 후폭풍이 일고 있습니다.

디지털 범죄는 누구나 손에 들고 다니는 스마트폰이 범죄 도구가 되고, 피해자는 무차별 다수의 시민이며, 동시에 평범한 네티즌들이 별 죄의식 없이 범죄를 확산시킨다는 게 문제입니다. 갈수록 남의 사생활을 파괴하고 인격을 살해하는 디지털 범죄가 대중화하고 있습니다. 이에 비해 디지털 범죄에 대한 규제와 사회적 규범은 미미합니다.

몰카 촬영자에 대해 5년 이하의 징역 또는 1천만 원 이하의 벌금형 규정이 있긴 하지만 좀 더 강력한 단속과 사법부의 처벌 의지가 필요한 시점입니다. 또한, 디지털 범죄의 위험성에 대한 경각심을 드높이는 등 디지털 문화를 정화하는 새로운 범사회적 규범도 시급히 수립해야 할 때입니다.

2015년 10월 30일

개성공단 기업주 고위험 순위

박근혜 대통령께서는 과거부터 내려온 사회 혼란을 야기하는 선동적인 방법은 결국 국가적으로나 개인적으로나 도움 될 것이 없다. 불법 집회와 선동에 대해서는 강력하게 책임을 묻겠다고 말씀하셨습니다.

개성공단기업협회 정기성 회장은 "공단을 통해 전달된 돈으로 핵 개발을 했다는 것은 과장"이라고 했습니다. 전날엔 "맹목적인 보수 쪽 사람들의 표심을 잡기 위해 급작스럽게 비합리적 조치를 취한 것 아니냐", "국내용, 선거용 아니냐는 의구심이 든다"는 정치성 발언까지 했습니다.

공간 가동 중단으로 앞날이 캄캄해진 기업주와 종업원들의 처지와 심정을 모르는 바는 아니나, 그렇다고 해도 우리 정부에만 책임을 돌리는 것은 상식에 크게 어긋납니다. 나아가 보수니, 표심이니, 선거 같은 말까지 입에 담은 것은 나가도 너무 나간 것입니다.

개성공단 중단의 원천적 책임은 유엔 결의를 정면 위반하면서 핵과 미사일 발사 실험을 거듭하고 있는 북에 있습니다. 유엔이 이전과 차원이 다른 강력한 제재안을 마련 중인 것도 이 때문입니다. 우리 정부가 3년 전 남북 합의에 '정 세와 상관없는 가동' 문구를 넣은 것도 북측이 인력을 일방적으로 철수시키거나 남측의 인력을 인질로 삼는 망동을 어떻게든 제어해 보려는 고육책이었습니다.

이런 사실을 뻔히 알만한 기업인들이 우리 정부만을 몰아붙이고 있습니다. 그것이 보상을 더 받아내려는 의도에서 하는 말이라면 그런대로 이해할 수 있지만, 공단 가동 중단이 선거용이라고 몰아붙이는 행태에서는 다른 정치적 의도가 있는 게 아닌가 하는 의심마저 듭니다.

정부는 개성공단 입주 기업들의 피해에 대해 할 수 있는 최대한의 성의를 보여야 합니다. 그러나 몇 년 전 정부의 제재 결정으로 손실을 뒤집어쓴 이란 투자 기업 등 정책 변경으로 인해 피해를 본 다른 기업들과의 형평성을 고려해야 합니다. 개성공단 사업은 경영 관점에서 보면 기업들이 북의 저임금 혜택과 정치적 돌발변수를 모두 알고서 결행한 투자입니다. 전형적인 '고위험

고수익' 투자입니다.

이런 투자로 돈을 벌 때는 아무 말 없다가 손해를 보게 되자 모든 책임을 정부에 돌리면 어느 국민도 납득할 수 없습니다. 이 기업들에 지급해야 할 보상금은 모두 국민 세금입니다. 다수 국민이 동의할 수 있는 수준에서 보상 협상이 이뤄져야 합니다.

2016년 2월 29일

막말 검사평가제
인권 보호에 기여

박근혜 대통령께서는 서울 도심 한복판에서 대규모 과격 시위와 불법 폭력 사태가 있었다. 이는 대한민국을 부정하고 정부를 무력화시키려는 의도라고 말씀하셨습니다.

대한변호사협회가 검사평가제를 시행해 우수 검사 10명을 발표했습니다. 평가 항목은 인권의식 및 적법절차 준수, 청렴성, 공정성, 직무 성실성, 직무 능력성, 친절성 등 6개였습니다. 피의자에게 심리적 안정감을 준 뒤 심문을 진행하거나 피의자에게 충분한 의견 진술 기회를 준 검사들이 좋은 평가를 좋은 평가를 받았습니다.

변협은 2008년부터 법관평가를 실시한 데 이어 올해 처음 검사평가를 실시했습니다. 그러나 수사와 재판 등 형사 절차에서 변호사는 검사와 대결 관계여서 법관평가 때보다 공정성을 잃기 쉽습니다. 수사절차는 재판절차와 달리 공개되지 않기 때문에 변호사의 주장을 확인하기도 어렵습니다. 법무부와 검찰이 변협의 검찰평가를 우려하는 이유입니다. 한 검사에 대해 가능한 많은 변호사의 의견을 모아 종합 평가하지 않으면 공정성을 확보하기 어렵습니다.

이번 검사평가에서 서울시변호사회 개업회원 1만 2,678명 중 438명이 참여했습니다. 형사사건을 맡은 변호사가 전체의 50%라고 잡아도 평가 참여자는 6%에 불과합니다. 438명이 제출한 검사평가표는 1인당 3건에 못 미치는 1,079건이었습니다. 훨씬 더 많은 표본을 확보할 필요가 있습니다.

2005년부터 지난해까지 검찰 수사 중 자살한 사람이 100명이 넘습니다. 검찰이 실적에만 매달려 '별건 수사' 등 탈법적인 강압 수사로 압박하는 것이 피의자 자살의 한 요인입니다. 변호사의 검사평가가 공정하게만 이뤄진다면 피의자 인권 보호에 기여할 수 있습니다.

2016년 3월 10일

불효방지법 본격 추진하자

박근혜 대통령께서는 위기를 극복하고 경제를 살리려는 국민 마음의 승리, 국민 행복 희망의 새 시대를 만들어가자고 말씀하셨습니다.

가족 모임에서 자식으로부터 '효도 계약서'를 받는 부모가 부쩍 늘었다고 합니다. 작년 말 대법원이 효도 계약을 어긴 아들에게 부모가 물려준 재산을 돌려주라고 판결한 뒤 일어난 현상입니다. 이 소송은 '한집에 살며 충실히 봉양한다'는 각서를 받고 살던 집을 아들에게 물려준 70대 아버지가 아들이 약속을 어겼다며 낸 것이었습니다. 현행 민법으로는 자식에게 조건 없이 증여한 재산을 돌려받기 어렵지만, 이 아버지는 '조건부 증여'를 명시한 각서 덕분에 승소할 수 있었습니다. 부모 부양 의무마저 계약으로 이뤄지는 것이 씁쓸하지만 고령화 사회에 접어들면서 하나의 사회현상으로 떠오르는 현실은 부정할 수 없습니다.

세태가 여기까지 온 데에는 부모를 공경하는 미덕이 사라지고 고령화에 따른 노인 빈곤이 겹친 탓이 큽니다. 게다가 잘못된 민법 체계도 악영향을 끼치고 있습니다. 민법 제556조는 증여를 계약한 상태에서 '자녀가 부모에게) 범죄행위를 하거나 부양 의무를 이행하지 않으면 계약을 해지할 수 있다' 라고 돼 있습니다. 그러나 558조는 '이미 증여를 이행한 때는 취소할 수 없다' 라고 못 박고 있습니다. 이 558조 때문에 그동안 효도 계약서가 없으면 부모가 소송을 내도 불효자로부터 증여 재산을 돌려받을 수 없었습니다. 이 조항이 없다면 굳이 효도 계약이라는 각서를 쓰지 않아도 556조에 따라 증여를 취소할 수 있습니다.

자녀의 부모 부양은 민법상 의무이지만 부양 문제를 놓고 불화를 빚는 가정이 계속 늘어나고 있습니다. 부모를 학대하는 사례가 신고된 것만 2014년 577건에 달했습니다. 효도 계약이 이런 상황에 대한 안전장치는 될 수 있지만 근본 해결책은 아닙니다. 지금 국회엔 부양 의무를 다하지 않은 자녀로부터 증여 재산을 돌려받을 수 있게 하는 '불효자 방지법' 이 계류돼 있습니다.

효도는 법 이전에 윤리의 영역입니다. 법이 왜 부모와 자식 간에 개입하느냐는 말이 나올 수 있지만, 재산 다 주고 자식에게 버림받은 부모에게 그건 배부른 소리일 수 있습니다. 불효자 방지법을 본격적으로 논의할 때가 되었습니다. 2016년 3월 20일

독극물 바다에 버린 공기업 엄중히 조치하라

박근혜 대통령께서는 2011년 발생한 가습기 살균제 사고로 많은 분이 피해를 당하고, 영유아들이 목숨을 잃어 안타까운 심정이며 얼마나 가슴이 아프겠는가 하는 말씀을 하셨습니다.

울산 해경은 한국동서발전 울산화력본부가 2011년부터 작년 7월까지 5년간 유해 물질인 디메틸폴리실록산 5백 톤을 냉각수에 섞어 바다에 버린 혐의를 잡고 조사 중이라고 발표했습니다. 디메틸폴리실록산은 냉각수를 바다에 버릴 때 나오는 물거품을 없애는 화학물질로 인체에 노출되면 호흡기를 손상시키고 태아의 생식 능력까지 해치는 독극물입니다.

한국전력의 자회사로 연 매출 4조 원에 직원이 2천 명이 넘는 공기업이 이런 물질을 버젓이 바다에 버려왔다니 기가 막힐 노릇입니다.

더 심각한 것은 이번 사태가 법 규정 미비와 행정당국의 관리 부실이 빚은 구조적 병폐라는 사실입니다. 해경은 작년에도 비슷한 혐의로 경기도 평택시에서 발전회사 두 곳을 입건했지만 한 곳은 무혐의 처분했습니다. 다른 한 곳도 법원이 선고유예 처분을 내려 처벌을 면했습니다. 디메틸폴리실록산은 해양환경관리법상 유해 물질로 분류돼 있지만, 해양수산부가 명확한 용량 제한 규정을 정해놓지 않아 사용업체들이 처벌받지 않을 것이라고 오해할 여지를 줬기 때문입니다.

바닷가에 위치한 전국의 발전소들은 이런 핑계로 5년 넘게 이 물질을 광범위하게 사용하다 해경이 단속에 나선 작년 이후에야 사용을 멈췄습니다. 유해 물질을 버린 발전소들의 행태는 비판받아 마땅합니다. 그러나 더 큰 문제는 해수부가 사전에 이런 문제를 몰랐을 뿐 아니라, 문제가 불거진 지 1년이 넘도록 구멍이 숭숭 뚫린 법을 보완하려는 시도조차 하지 않고 있는 것입니다.

그동안 전국의 발전소에서 이런 일이 얼마나 벌어졌는지, 아직도 유해 물질을 쓰는 발전소가 있는지 국민은 불안할 수밖에 없습니다. 정부는 당장 전수조사를 벌여서라도 이런 우려를 말끔히 해소해야 합니다. 유해 물질 분류와 관리 감독도 시급히 보완해야 합니다.

2016년 9월 10일

정부에 대한 정책 상정

05

문재인 대통령의 '문재인 정부'

'문재인 정부'는 국민의 신뢰를 바탕으로 이뤄져야 한다는 취지에서 민의를 청취하여 '국민의 소리'를 상정합니다.

철밥통 세금 내는 국민만 봉

문재인 대통령께서는 올해 고위 공직자 비리수사처 설치 법령을 제정하고, 경찰권 분산 및 인권 친화적 경찰 확립 실행 방안과 연계해 검경 수사권 조정안을 마련하겠다고 말씀하셨습니다.

우리나라 교사들은 임용될 때 수준은 세계 최고지만 시간이 흐르면서 자기 계발을 소홀히 해 창의적이고 혁신적인 학교 교육이 이뤄지지 않고 있습니다. 차등 성과급을 통해 교사들이 더 나은 수업을 구상하도록 독려하자는 취지에서 김대중 정부가 2001년 교원 성과급제를 도입했습니다.

그러나 16년이 지났는데도 일선 학교에선 전교조 등의 방해로 유명무실화한 경우가 적지 않습니다. 전교조가 조합원들의 차등 지급 성과급을 거둬들인 후 똑같이 나눠 갖기 때문입니다. 교사들은 학교마다 평가 기준이 제각각인 데다 평가가 공정하지 않아 결과를 수긍 못 하는 경우가 많다고 합니다. 그렇다면 개선 노력을 하는 것이 옳은데도 아예 없애자고 합니다. 결국, 제도상의 문제는 핑계고 본심은 평가받고 경쟁하는 자세가 싫은 것입니다.

지금 학생과 학부모에게는 학교와 교사 선택권이 없습니다. 교사들은 정년이 보장되고 교원단체의 보호도 받는 상황에서 교사들의 수업 품질을 관리하는 제도마저 없애면 자질과 노력이 부족한 교사로부터 학생의 권익을 보호할 방법은 아예 사라지게 됩니다.

정부는 최근 지난 정부에서 어렵게 도입한 공기 업, 공공기관 성과연봉제를 백지화하겠다고 합니다. 교사들 성과급제마저 교원단체 압력으로 없어지면 공무원, 공공기관, 학교는 완벽한 철밥통 사회로 되돌 아가는 것입니다.

새 정부 출범 이후 국민 세금으로 운영되는 공공부문에 대해 일을 독려하고 성과를 내라고 채근하는 것을 본 적이 없습니다. 대신 평가 없고 경쟁 없이 편 하게 해주겠다는 약손만 나오고 있습니다. 누군가 편하면 다른 누군가는 그 부담을 져야 하는 것이 세상사의 변함없는 이치입니다. 공직자들이 편하면 국민은 힘들고 피곤할 수밖에 없습니다.

2017년 8월 10일

재벌 내부거래 철저히 단속하라

문재인 대통령께서는 보다 깨끗해야 할 권력과 보다 청렴해야 할 공공부문이 여전히 고질적인 부패의 늪에서 헤어나오지 못하고 있다고 말씀하셨습니다.

재벌이 수의계약을 통해 계열사에 일감을 몰아주고 이를 경영권 승계의 수단으로 악용하는 것은 어제오늘의 일이 아닙니다. 최근 한 조사에 따르면 지난해 30대 그룹 내부거래의 93%가 수의계약에 의한 것이었습니다. 이는 대기업과 이른바 연줄이 없으면 애초부터 계약 자체가 불가능하다는 의미입니다. 아무리 경쟁력 있는 중소기업이라도 계약조차 할 수 없는 현실입니다.

재벌들은 계열사 이외 기업과의 거래를 원천적으로 차단함으로써 이들 기업의 사업 기회를 박탈해왔습니다. 오히려 안으로 빗장을 걸어 잠그고 사업을 독식하면서 경제력 집중을 심화시켜 왔습니다. 게다가 이를 경영권 승계를 위한 수단으로도 사용했습니다.

내부거래는 재벌개혁의 우선 과제에 속합니다. 내부거래가 기업의 잠재 능력을 소진 시킬 뿐 아니라 공정한 시장경쟁을 저해하고, 효율적인 자원 배분을 왜곡하기 때문입니다. 재벌은 '경영효율을 위한 계열사 간 협력'이라고 주장하지만, 변명일 뿐입니다. 저비용 자원 활용 기회를 스스로 걷어찬 사례가 한둘이 아닙니다.

특히 총수 일가의 이익 또는 총수 2세의 경영권 세습 수단으로 악용하는 사회적 악덕도 저질렀습니다. 재벌은 스스로 변화하기 어려운 게 분명합니다. 국민과 정부가 나서서 공정경쟁을 비웃는 재벌의 역주행을 막아야 합니다.

2017년 10월 10일

노동자 피해 사건 솜방망이 처벌 끝내자

문재인 대통령께서는 민간 부문의 뿌리 깊은 부패까지 해결해야 우리 사회가 비로소 반칙 없고 특권 없는 공정한 사회가 될 수 있다고 말씀하셨습니다.

임금 체불자와 최저임금법 위반자는 3년 이하의 징역이나 2천만 원 이하의 벌금에 처하도록 돼 있습니다. 그러나 이런 사유로 실제 처벌받는 경우는 드뭅니다.

더불어민주당 정성호 의원에 따르면 지난 10년간 법원이 다룬 노동사건 48,117건 가운데 1심에서 실형이 선고된 것은 5.2%에 불과했습니다. 일반 형 사사건 실형 선고율(18%)의 3분의 1에도 못 미칩니다. 이 기간 최저임금법 위 반으로 재판에 회부된 사건은 357건으로 이 중 7명만 실형을 받았고, 2심 실형은 한 건도 없습니다. 파견법과 노동조합법 위반도 각각 163건, 585건이 재판에 넘겨졌지만 2심에서 신고된 사례는 없습니다.

대표적인 근로기준법 위반 사항인 임금 체불은 대부분 벌금형입니다. 벌금도 체불액의 10~20% 수준인 경우가 태반입니다. 고통을 겪는 노동자들을 생각하면 처벌 수위가 지나치게 낮습니다. 고용노동부 조사결과 올해 들어 지난 8월까지 임금 체불 규모는 8,910억 원이고 피해 노동자는 22만 명에 이릅니다.

법원의 솜방망이 처벌이 임금 체불을 조장하고 있다고밖에 볼 수 없습니다. 법원은 노사가 첨예하게 다루는 민사사건에서도 사용자에게 유리한 판결을 내리는 사례가 많습니다. 노동인권과 사회정의보다는 개인의 재산권 보호와 사적 자치의 원칙을 우선시한 결과입니다.

노동법은 사회적 약자인 노동자의 권리 보장을 위해 만들어졌습니다. 평등한 당사자 간의 분쟁을 다루는 민사법과는 다르다는 의미입니다. 그러나 법원과 검찰이 노동법을 소극적으로 적용하면 백약이 무효입니다. 사법부는 노동자 피해 사건을 법과 원칙대로 처리하고 근본적으로는 독일과 프랑스처럼 특별법원으로 노동법원을 설립해 노동자들의 권익을 보호해야 합니다.

2017년 11월 20일

공무원노조 '철밥통' 시정하라

문재인 대통령께서는 반칙과 특권이 일상화돼 국가 청렴지수가 15계단이나 하락하는 지경에 이르렀다고 말씀하셨습니다.

전국공무원노동조합은 파업만 못 할 뿐 민주노총 산하 기관으로서 온갖 탈법과 불법 행위에 관여했습니다. 2002년 전공노 출범 이후 노조 활동과 관련해 2016년 파면, 해임, 공직 배제 등 징계를 받은 공무원이 2,986명에 이를 정도이다 보니 전공노가 얼마나 극렬하게 투쟁해 왔는지 알 수 있습니다.

전공노는 전국교직원노동조합(전교조) 시국선언을 지지하고 미국산 쇠고기 반대 촛불집회에 참여하며 강성이자 정파성을 띤 민노총에 가입하는 등 정치적 중립의무를 밥 먹듯 어겨왔습니다. 2017년만 해도 전공노는 도널드 트럼프 미국 대통령 방한 반대, 사드 배치 철회, 세월호 참사 2차 특별조사위원회 설립 등 정치적 현안에 대한 목소리를 높였습니다.

또 공무원 연금개혁을 위한 사회적 합의 기구에 이해당사자로 들어가 개혁의 발목을 잡고, 공무원연금 개혁 공청회를 물리력으로 무산시키기도 했습니다. 그 결과물이 기존 공무원의 연금은 건드리지 못하고 신규 공무원의 연금만 깎는 반쪽짜리 연금개혁입니다.

최근엔 공무원도 지지하는 정당에 정치후원금을 낼 수 있도록 요구하고 있습니다. 공무원도 개인 신분으로 정당 가입 및 정치 활동을 할 수 있도록 하자는 건 공무원의 정치적 중립을 규정한 헌법 7조에 위배됩니다.

공무원 증원은 공무원 시험에 목을 매는 '공시족'에게는 성탄 선물이 되겠지만 국민에겐 평생 이들을 먹여 살려야 한다는 청구서입니다. 공복으로서 국민 안위와 나라 발전을 위해 뛰어야 할 공무원이 자신들의 잇속만 챙긴다는 증거가 민간의 7배나 되는 공무원노조 조직률입니다. 그러니 대한민국이 공무원의 나라라는 말이 나와도 이상하지 않은 것입니다.

2017년 12월 31일

특허권 탈취 범죄 엄중 처벌하라

문재인 대통령께서는 곪을 대로 곪아 언젠가는 터져 나올 수밖에 없었던 문제가 이 시기에 터져 나온 것이 부끄럽고 아프더라도 이번 기회에 실상을 드러내고 근본적인 대책을 마련하는 계기로 삼아야 할 것이라고 말씀하셨습니다.

대기업의 중소기업 기술탈취는 어느새 흔한 일이 되었습니다. 중소벤처기업부에 따르면 2016년 한 해 동안 중소기업이 기술을 탈취당한 사례는 644건에 달하고, 건당 피해 액수만도 17억 원에 이릅니다. 그런데도 공정거래위원회나

경찰에 신고한 중소기업은 3.8%에 그쳤습니다. 기술탈취 사건을 외부에 알리면 거래를 끊겠다는 대기업의 갑질에 시달릴 뿐 아니라 소송을 제기해도 이긴다는 보장이 없기 때문입니다.

중소기업이 비용과 시간을 들여 개발한 기술을 정당한 대가 없

이 빼앗는 것은 경제생태계를 무너뜨리는 반사회적 범죄행위입니다.

정부와 여당이 당정 협의를 열어 '대기업의 중소기업 기술탈취 근절대책'을 내놨습니다. 기술탈취에 대한 징벌적 손해배상 제도를 도입해 피해액의 최대 10배까지 배상받게 되고, 대기업과 중소기업의 거래 때 비밀유지협약 체결을 의무화하는 게 핵심입니다. 또 중소기업이 기술탈취 소송에서 어려움을 겪었던 '입증 책임'을 가해 혐의 기업에도 묻기로 했습니다.

대기업의 기술탈취가 좀처럼 근절되지 않고, 피해 중소기업은 보복이 두려워 고발을 꺼리는 현실을 감안하면 늦었지만 바람직한 조치입니다.

이번 대책이 대기업의 횡포를 차단할 계기가 될지는 정부의 신속하고도 엄정한 법 집행과 후속 조치에 달려 있습니다. 정부는 중소기업의 자생력을 잠식하는 대기업의 기술탈취 행위를 엄하게 처벌해야 합니다. 대기업도 해외 기술은 비싼 로열티를 주고 사면서 국내 중소기업이 개발한 기술을 빼앗는 이중적 행태를 인제 그만두어야 합니다.

2018년 3월 30일

대법관 전관예우 적폐 청산하라

문재인 대통령께서는 "아버지의 손톱에 낀 기름때는 삶을 지탱한다. 어머니의 손톱 밑 흙에서 희망처럼 곡식이 자란다. 일하는 사람들에 의해 대한민국은 여기까지 왔다"고 말씀하셨습니다.

지난해 대법원이 선고한 재판 중 대법관 출신 변호사들이 수임한 사건이 440건으로 전년보다 67% 증가한 것으로 나타났습니다. 신영철 전 대법관이 지난해 수임한 대법원 사건 중 5건은 근무 시기가 겹치는 대법관들에게 배당된 것으로 밝혀졌습니다.

대법관 출신 변호사가 사건을 수임하면 동료 대법관이나 후배 법관들에게 심리적 부담을 주고 때로는 부당한 압력으로 작용할 수 있습니다. 전직 대법관이 변호인 명단에 이름만 올려도 판사들이 움찔하고, 도장만 찍어주고 건당 수천만 원 이상 받는다는 건 파다하게 알려진 사실입니다. 비싼 선임료를 주고라도 대법관 출신 변호사를 상고심에 내세우는 이유는 그의 대법관 내 연고를 활용하겠다는 계산이 뻔합니다.

1, 2심 때는 빠져있다가 뒤늦게 변호인단에 들어가는 것도 이름값으로 재판에 영향을 끼치려는 의도가 다분합니다. 최고법관 출신이 변호사 개업을 해서 돈을 버는 나라는 한국이 거의 유일합니다. 미국은 대법관이 종신직이고, 70세 가 정년인 일본은 퇴임 후 변호사 개업을 하지 않는 것이 불문율로 통합니다.

전관예우 관행은 범죄와 다를 바 없습니다. 전직 판사나 검사가 맡은 소송이라고 해서 유리한 판결을 내리는 건 재판의 공정성과 신뢰성을 짓밟는 처사입니다. 국민의 법 감정과 상식에도 어긋납니다. 그러나 대법원의 대책은 아직 허술하고 엉성해 보입니다. 직업윤리와 정의를 스스로 지키지 못한다면 법으로 규제할 수밖에 없습니다.

전직 대법관들의 돈벌이 변호를 막는 입법이 절대적으로 필요합니다. 전관 변호사의 수임료를 모두 공개하고, 재판부와 변호인의 연고 관계를 밝히는 등의 제도적 장치가 시급합니다.

2018년 5월 20일

중증 정신질환자 대책 시급하다

문재인 대통령께서는 5 · 18 이전의 유신 시대와 5공 시대에 머무는 지체된 정치의식으로는 단 한 발자국도 새로운 시대로 갈 수 없다고 말씀하셨습니다.

조현병(정신분열증) 환자가 무고한 시민 5명을 살해한 경남 진주 방화 살인사건 한 달 만에 보건복지부가 '중증정신질환자 보호, 재활 우선 조치'를 발표했습니다. 응급상황 초기부터 환자 치료까지 24시간 대응체계를 구축한다는 게 핵심입니다.

이를 위해 내년까지 전국 17개 시도 정신건강복지센터에 경찰, 구급대원과 함께 현장에 출동할 응급개입팀을 설치해 24시간 운영하며, 자신이나 타인을 해할 위험이 있는 정신 응급환자를 이송할 수 있는 의료기관도 지정합니다.

또한, 정신건강복지센터 인력을 확충해 중증정신질환자를 조기

발견하고 치료와 재활을 지원하겠다고 합니다. 응당 필요한 일이지만 중증정신질환자 범죄는 환자가 스스로 치료를 원치 않는 한 입원이 어려워 일어납니다.

진주 사건 피의자 가족들은 그를 정신병원에 입원시키려고 의사가 진단하는 보호 입원, 경찰 이 동의하는 응급입원, 지방자치단체장이 결정하는 행정입원을 시도했으나 모두 실패했습니다. 인권침해 논란이 일거나 치료비를 떠안게 되는 등의 우려로 소극적이었던 탓입니다.

그런데 이런 제도적 허점은 그대로 둔 채 응급개입팀을 투입한다면 얼마나 실효성이 있을지 의심스럽습니다. 더욱이 정신의학계가 요구해온 법원에 의한 사법 입원도 묵살됐습니다.

조현병 등 중증정신질환자는 50만 명 정도로 추정되는데 이 중 33만 명 정도가 관리 사각지대에 있습니다. 조현병은 고혈압이나 당뇨처럼 만성질환입니다. 발병하면 잘 낫지 않아 약으로 꾸준히 다스려야 합니다. 고혈압이나 당뇨도 급성 증상이 나타나면 입원 치료를 받는데 누구도 이를 환자의 인권침해로 보지 않습니다. 조현병 역시 급격히 악화돼 자해, 타해 위험이 있으면 강제로라도 입원 치료를 받아야 합니다.

치료가 필요한 환자를 방치하는 것이 오히려 인권침해가 아닌가 합니다. 그 대신 중상이 호전되면 사회로 복귀해 외래진료를 받으면 됩니다.

병의 경중을 따져 적절한 치료를 받는 것이 '환자의 인권'을 보장하는 동시에 '사회의 안전'을 지키는 일입니다. 정부는 내년 말에 중장기 종합계획을 내놓겠다는데 그때까지 시간을 끌지 말고 근본적인 대책을 신속히 마련해야 합니다.

2019년 6월 10일

철거 현장 날벼락 철저히 수사하라

문재인 대통령께서는 "한국 국민도 북한과의 대화를 신뢰해야 한다. 대화를 불신하는 사람들이 평화를 더디게 만든다."라고 말씀하셨습니다.

서울 서초구 잠원동에서 철거 중이던 지하 1층 지상 5층 건물 외벽이 무너지면서 건물 앞 도로에서 신호대기 중이던 차량을 덮쳐 1명이 사망하고 3명이 다쳤습니다. 숨진 20대 여성은 결혼을 앞두고 예비 신랑과 함께 결혼반지를 찾으러 가는 길이었습니다. 날벼락도 이런 날벼락이 없습니다.

해당 건물은 당초 서초구청 흙 파기(철거) 전문위원회 심의를 통과하지 못해 재심의를 받았고 조건부로 통과했습니다. 철거로 지하 구조물이 빠지면 흙이 밀리는 현상이 발생해 이를 방지하는 작업이 필요한데 이에 대한 계획이 없었다는 것입니다. 재심의에서는 지지대를 충분히 세우고, 철거 잔재들이 나오는 즉시

제거하라는 조건이 추가됐습니다. 정확한 사고원인은 조사 중이지만, 지하 1층 작업 중 건물이 무너졌다는 소방당국의 브리핑을 고려하면 위원회 요구가 제대로 지켜지지 않아 발생한 인재일 가능성이 제기됩니다.

요즘 도심 곳곳에서 오래된 건물 철거 작업이 벌어지고 있습니다. 그런데 그 주변을 보면 누구나 뭐라도 떨어져 맞지 않을까 섬뜩한 것이 사실입니다. 인도가 좁은 곳에서는 아예 합판이나 천으로 위를 가린 비계 통로 밑을 지나가도 록 한 곳이 부지기수입니다. 이번 사고가 발생한 서초구에서만 철거 현장이 14곳이라니 서울 전체에 수백 곳의 안전 사각지대가 있는 셈입니다. 2017년 서울 종로구 낙원동에서 철거 중이던 건물이 무너져 2명이 숨지는 등 철거 중 크고 작은 사고가 수시로 발생하고 있습니다.

현행 철거 사전심의제와 상주 감리제는 2017년 낙원동 철거 건물 붕괴 사고 후 도입됐습니다. 하지만 보완지시를 받고도 이행하지 않고, 감리자가 상주하지 않는 경우가 많습니다. 안전을 위한 제도가 있다고 해도 실행 과정에서 구멍이 많다면 찢어진 우산과 다름이 없습니다. 앞으로도 철거 대상 노후 건물이 우후죽순 늘어날 텐데 이래서야 마음 놓고 건물 옆을 지나갈 수 있겠는가요!

2019년 7월 31일

석탄 소비로 환경오염 걱정된다

문재인 대통령께서는 막말과 험한 말로 혐오를 부추기며 국민을 극단적으로 분열시키는 정치는 국민에게 희망을 주지 못한다고 말씀하셨습니다.

지난해 우리나라 석탄 소비량이 1년 전보다 2.4% 증가해 OECD 주요국 가운데 유일하게 늘었습니다. 탈원전 때문에 발전용 유연탄 소비가 늘었기 때문입니다. 전력 수요는 늘어나는데 발전단가가 낮은 원전 비중을 줄이려다 보니 석탄 발전이 늘어날 수밖에 없습니다. 선진국들은 온실가스 감축을 위해 석탄 소비를 줄이는데, 우리만 거꾸로 가고 있습니다. 실제로 OECD 회원국 전체의 석탄 소비량은 3.5% 감소했습니다. 미국, 일본, 독일, 영국 등 주요국 모두 석 턴 소비를 줄였습니다.

우리나라는 산업 구조상 에너지 다소비 업종이 많습니다. 석탄 소비량이 중국, 인도, 미국, 일본에 이어 세계 5위입니다. 국민 1인당 석탄 소비량도 중국보다 많아 호주에 이어 세계 2위입니다. 선진국은 물론이고 '석탄 대국' 중국조차 석탄 소비를 줄이는 흐름에 동참하는데, 미세먼지가 심각한 나라에서 우리만 석탄 소비를 되레 늘렸습니다. 올해는 미세먼지가 많아 석탄 발전을 줄이 는 대신 비싼 LNG 발전을 늘렸더니 상반기 한전 적자가 무려 9,285억 원으로 불어났습니다.

이런 탈원전의 역설은 독일이 먼저 경험했습니다. 독일은 탈원전을 결정하고 5년간 200조 원을 태양광, 풍력 등 친환경 신재생에너지 확대에 쏟아부었지만, 온실가스 배출을 크게 줄이지 못했습니다. 신재생에너지는 날씨에 따라 발전량이 들쑥날쑥이라 탈원전 공백을 석탄 발전으로 메웠기 때문입니다. 전기료는 10년간 67% 급등해 우리의 2.5배 수준입니다.

지금 세계는 온실가스를 줄이려고 탈석탄에 적극적입니다. 영국 등 20여 국가가 2030년까지 석탄 발전소를 폐쇄하겠다고 선언했습니다. 국제에너지기구는 '에너지 수급과 온실가스 감축을 위해 기존 원자로 수명을 연장하고 새 원 전을 건설하라' 고 권고하는 보고서를 냈습니다. 프랑스는 당초 2025년까지 원 전 비중을 75%에서 50%로 낮추기로 했다가 10년 연장했습니다. 상업용 원전 이 없는 호주는 미래 청정 에너지원 확보를 위해 의회에서 원전검토위원회를 구성했습니다. 우리만 이런 흐름에서 벗어나 역주행을 계속하고 있습니다.

2019년 9월 30일

약 주고 병 주는 식약처

문재인 대통령께서는 규제 샌드박스 심의 절차가 신청 기업들 입장에서 또 다른 장벽 이 되지 않도록 관계부처가 친절한 안내자 역할을 해야 한다고 말씀하셨습니다.

식품의약품안전처는 국내에서 시판 중인 '잔탁', '큐란정' 등 위장약 259개 품목의 판매를 잠정 중지했습니다. 위장약 원료인 라니티딘 속에 발암 우려 물질인 N-니트로소디메틸아민(NDMA)이 허용기준(0.16ppm)을 초과해 검출된 데 따른 조치입니다.

식약처는 14일 미국식품의약국(FDA)이 라니티딘에서 NDMA가 미량 검출됐다고 발표한 이후 두 차례에 걸쳐 라니티딘 원료의약품 7종을 전수 조사했습니다. 같은 약이라도 제조번호별로 0~53.5ppm까지 편차가 컸으나 7종에서 예외 없이 NDMA가 나왔습니다.

국제암연구소가 분류한 2A급 발암 우려 물질인 NDMA는 흡연이나 생선요리 등 일상에서 쉽게 노출됩니다. 단기간 복용만으로 암이 발생할 가능성은 낮습니다. 그러나 역류성 식도염, 위궤양 등에 워낙 흔히 처방돼 현재 복용 중인 환자만 144만 명에 달할 만큼 널리 사용됩니다. 만성질환자들이 위염 예방을 위해 처방전과 함께 많이 복용합니다. 더욱이 '잔탁'은 출시 36년이 지나 장기간 광범위한 복용이 이뤄졌다는 점에서 소비자들이 걱정이 앞설 것입니다.

식약처가 라니티딘의 인체 영향 평가를 하겠다고 밝혔는데 안전성 검증을 서둘러 국민 불안을 해소해야 합니다. 이번에 NDMA가 검출된 라니티딘은 국내 산이 1종, 인도와 스페인 등 외국산이 6종이었습니다. 수입 원료 의약품은 현지 제조업체의 자체 위해성 검사에 의존하는 실정이라 제조공정이 바뀌거나 문제가 발생해도 인지하기 쉽지 않습니다.

식약처는 외국 기관이 발표하면 뒤늦게 판매를 중지시키는 사후약방문만 쓸 것이 아니라 원료 의약품의 사전 관리를 강화해야 합니다. 식약처가 이런 전문성을 갖추지 못하면 건강과 제약업계에 끼치는 손실이 너무 큽니다.

2019년 10월 20일

가족 간병의 비극, 해소 정책 시급하다

문재인 대통령께서는 한미동맹의 공고함과 한미 양국의 긴밀한 공조는 최근 북한의 탄도 미사일을 포함한 발사체의 발사에 대한 대응에서도 아주 빛났다고 말씀하셨습니다.

88세 노모와 두 살 터울 지체장애인 형을 둔기로 살해한 혐의를 받던 51세 남성이 한강에서 숨진 채 발견됐습니다. 그는 30년 넘게 어머니와 형을 부양했으나 간병에 지친 데다 생활고까지 심해지자 범죄를 저지르고 극단적인 선택을 한 것으로 추정됩니다. 노모에게 치매가 발병하고 형의 상태가 악화되면서 일용직이었던 그는 8개월 전부터 일을 그만두고 가족을 돌봐왔습니다. 이웃들은 그가 간병으로 거의 외출하지 못했고, 극심한 스트레스를 호소했다며 안타까워했습니다.

치매를 앓는 노인이나 장애인의 가족은 '숨겨진 환자'로 불립니다. 완치라는 희망이 없는 상태에서 장기적으로 수발해야 하기에 건강이 악화되고 심리적으로 취약해집니다. 온종일 가족을 돌보려면 일도 할 수 없게 되니 경제적인 어려움도 따라옵니다. 이번 사건에서 노모와 형은 각각 방문요양보호서비스와 장애인활동지원서비스도 지원받았으나, 야간이나 주말까지 두 명을 간병해야 하는 둘째 아들의 고통을 덜어주기에는 역부족이었습니다.

어떤 이유로도 용서받을 수 없는 참혹한 범죄이지만 가족 간 간병 살인은 늘어나는 추세입니다. 급속한 고령화를 복지제도가 따라가지 못하는 겁니다. 2월에는 80대 치매 환자 부친을 10년 동안 돌보던 40대 아들이 '아버지를 데려간다는 유서를 남긴 채 투신' 했고, 4월에는 수년간 치매를 앓는 80대 아내를 돌보던 80대 남편이 아내가 요양병원 입원을 거절하자 살해한 사건이 있었습니다.

2045년이면 한국은 65세 이상 고령 인구 비율이 37%로 세계 1위가 되는 '노인 국가' 가 됩니다. 가족이 아프면 일을 할 수 없고, 순식간에 빈곤 가구로 전락합니다. 사회의 도움 없이는 질병과 빈곤의 악순환에서 벗어날 길이 없습니다. 기꺼이 부양했던 가족을 벼랑 끝에 서서 죽음에 이르게 하는 비극이 반복되어서는 안 됩니다.

2019년 10월 31일

화재 안전대책 강구하라

문재인 대통령께서는 신종 코로나 사태로 인해 우리 경제에 큰 부담이 생긴 것으로 예상되지만, 경제보다는 국민 안전을 우선에 두는 자세로 임해주기 바란다고 말씀하셨습니다.

설 연휴에 강원도 펜션에서 가스 폭발로 사람이 숨지고 서울 한복판 특급 호텔에서 큰 화재가 발생하는 등 사고사 잇따랐습니다. 강원 동해사에서는 펜션에 투숙했던 일가족이 가스 폭발로 6명이 숨지고 1명이 다치는 참변을 당했습니다. 이번 화재들은 안전장치만 제대로 작동했으면 미리 막을 수 있었다는 점에서 전형적인 인재입니다.

합동 감식에 따르면 동해시 펜션의 화재는 펜션 업주 측이 액화석유가스(LPG) 배관을 막지 않고 방치해 가스가 새어 나온 상태에서 투숙객이 사용한 가스버너의 불꽃과 만나 폭발이 일어난 것으로 보인다고 합니다. 2018년 12월 강원 강릉의 펜션에서 가스 누출 사고로 고교생 3명이 사망하는 등 10명의 사 상자가 나온 게 불과 1년여 전인데 똑같은 형태의 사고가 발생한 것입니다.

사고가 난 펜션은 숙박업소 등록도 하지 않고 불법 운영하던 것으로 드러났습니다. 강릉 펜션 사고 이후 펜션들에 대해 일제히 안전 점검을 했지만, 이 건물은 등록된 숙박업소가 아니어서 오히려 점검을 피했습니다. 지난해 동해소방서는 이 펜션의 무허가 영업을 적발하고 동해시에 전달했지만, 동해시는 아무 조치도 취하지 않았습니다. 심지어 동해시 인터넷 홈페이지에는 주요 숙박업소로 소개까지 해놨으니 동해시의 무신경 무책임이 놀랍습니다.

서울 그랜드앰배서더호텔 투숙객들에 따르면 새까만 연기가 객실까지 들어왔는데도 비상벨은 물론이고 대피 안내 방송도 제대로 나오지 않았다고 합니다. 지하 1층에서 시작된 화재가 삽시간에 대형 호텔 전체로 퍼진 원인이 무엇인지, 방화문이나 스프링클러는 제대로 설치돼 있는지 조사해야 합니다. 국민은 물론이고 외국인 투숙객의 안전까지 위협하는 숙박업소의 안전대책을 더는 방치해서는 안 됩니다.

2020년 2월 10일

마스크 대란 정책 시급하다

문재인 대통령께서는 정부가 취할 수 있는 모든 수단을 이용하는 특단의 대책이 절대 적으로 필요하다고 말씀하셨습니다.

코로나19 누적 확진자가 5,186명을 기록했습니다. 첫 확진자가 발생한 지 43일 만에 5천 명을 넘어선 것입니다. 코로나 사태가 장기화되면서 시민의 불편과 고통도 커지고 있습니다.

정부가 2일 전국 유치원과 초중고교 개학을 2주간 추가 연기하면서 가정에서의 '돌봄 공백'이 장기화할 조짐입니다.

사상 초유의 3주 휴업은 감염 최소화가 시급한 현 상황에서 어쩔 수 없는 측면이 있지만 맞벌이 부부와 한부모 가정 등은 아이를 맡길 곳이 없어서 발을 동동 구르고 있습니다.

교육부는 개별 유치원과 초등학교에서 긴급돌봄을 제공하고 유연근무제, 가족 돌봄 휴가제 등을 활용해 가정 내 돌봄을 돕겠다고 나섰으나 실제 가정마다 닥친 어려움을 해소하기엔 부족합니다.

감염 우려로 학교에도 안 보내는 자녀를 긴급돌봄 교실에 보내야 하는지도 걱정이 큽니다. 돌볼 자녀가 있는 보호자에 대해 유연근무제와 재택근무제를 확대 허용하도록 해 이들의 숨통을 틔워 줘야 합니다.

'마스크 대란'도 개선이 시급합니다. 대통령께서는 "마스크 불편을 끼쳐 국민께 송구하다"라며 코로나19 사태 이후 처음으로 사과했습니다. 지난달 25일 대구 방문 때만 해도 "수요를 감당하기 충분한 생산능력이 있다"고 강조했으나 일주일 만에 공급 부족을 인정하고 현실적인 대처를 지시한 것입니다.

확진자가 마스크 구매 대열에 줄을 섰다가 긴급 격리되는가 하면, 마스크를 구매하려 새벽부터 장사진을 칠 수밖에 없는 서민들의 현실이 안타까움을 더 하고 있습니다.

김상조 대통령 정책실장이 언급한 약국 의약품안전서비스를 이용한 마스크 판매 방식은 1일 현직 약사가 제시한 방법으로, 접근성이 좋고 가수요 억제에도 도움이 될 것으로 보입니다.

코로나 사태가 장기화되면서 일용직들, 그리고 가정이나 직장을 방문해 가르치고 물품을 판매해온 수많은 이들이 생존 기로에 섰습니다. 중소상인들의 속도 까맣게 타들어 가고 있습니다. 정부와 지자체가 방역뿐만 아니라 다양한 부문에서 야기되고 있는 국민 생활의 불편과 고통을 살펴보고 순발력 있게 대책을 마련하는 맞춤형 대응이 절실한 시점입니다.

2020년 3월 10일

병역 특혜
국민적 공감 형성하라

문재인 대통령께서는 검찰이 더 이상 무소불위의 권력이 아니라 국민을 위한 기관이라는 평가를 받을 수 있을 때까지 개혁을 멈추지 않겠다고 말씀하셨습니다.

정부는 국무총리 주재 국정현안점검조정회의에서 병역 대체복무제도 개선 계획을 확정했습니다. 석사 전문연구요원과 산업기능요원 등 대체복무요원이 2022년부터 4년에 걸쳐 단계적으로 전체의 20%인 1,300여 명이 줄어듭니다. 예술, 체육요원(45명)은 현 규모를 유지하지만, 방탄소년단(BTS) 같은 대중문화 예술인은 대체복무 대상에서 제외됐습니다. 저출산으로 인한 병역 자원 부족에 대비하고 병역의무의 공정, 형평성 기준을 고려한 것으로 보입니다.

이공대 석 · 박사급 병역특례인 전문연구요원제는 대폭 축소될 것으로 전망됐으나 거의 그대로 유지되고, 소재, 부품 · 장비 분야 중소·중견기업 배정 인원이 오히려 확대됐습니다. 일본의 무역 보복 조치를 계기로 이분야 연구인력 육성이 시급하다는 요구가 적극 반영된 조치입니다. 이런 취지를 살리기 위해 일정 기간 복무 후 대기업으로 전직하는 걸 금지하는 조치가 마련됐지만, 당국 차원의 철저한 감독이 이뤄져야 할 것입니다.

BTS 등 대중문화예술인이 국위 선양에 많은 기여를 하고 있음에도 병역특례 대상에 포함되지 못한 것은 대체복무 감축 추세와 병역의무의 공정성을 감안한 결정일 것입니다. 병역의무의 형평성을 높이고 안보 역량을 유지하기 위해 선 대체복무 인력의 단계적 감축이 이뤄져야 한다는 큰 방향에 대해선 많은 국민이 공감하고 있습니다.

다만 20대 초중반에 능력과 활동의 정점을 찍는 예술과 체육 분야 특별한 소수 인재의 재능과 기회를 살려줄 방법도 고민해야 합니다. 대체복무제가 병역 면제나 회피의 또 다른 편법으로 악용되는 것을 철저히 차단하되, 특정 분야 재능의 특수성과 국가에 기여할 수 있는 역량 등을 종합적으로 감안해 제도를 탄력적으로 운용하는 방안을 모색할 필요가 있습니다. 병역의무에 대한 국민적 공감대를 해치지 않는 범위 내에서 징집 시기를 조정하거나 복무 분야를 다양화하는 방안을 마련하면 병역의무의 형평성과 대체복무제의 효율성을 높일 수 있을 것입니다. 2020년 4월 30일

이천 화재 참사 엄중 문책하라

문재인 대통령께서는 국난 극복에 전폭적으로 힘을 모아주신 국민의 뜻을 되새기며 국민을 믿고 담대하게 나아가겠다고 말씀하셨습니다.

지난달 29일 경기 이천시의 한 대형 물류센터 신축 공사장 화재로 38명이 사망하고 10명이 중경상을 입는 참사가 발생했습니다. 소방당국은 우레탄폼 단열공사 중 발생한 유증기(기름이 섞인 공기)가 용접 과정에서 연소돼 폭발이 일어나 화재가 발생한 것으로 보고 있습니다. 대형 참사가 발생할 때마다 원인으로 안전불감증, 제조 미비, 관계 당국의 소홀한 관리 감독이 지적되고 정부는 재발 방지를 다짐하지만 언제나 그때뿐입니다. 이번 참사고 과거의 판박이입니다.

유증기는 작은 불꽃만 튀어도 폭발할 수 있습니다. 그런데도 현장에선 공사 기간 내내 우레탄폼 옆에서 용접작업이 이뤄졌다고 합니다. 현행법은 용접작업 시 가연 물질로부터 최소 10m 이상 떨어지거나 불꽃이 튀지 않도록 차단막을 세우도록 했지만, 차단시설은 고사하고 관련된 안전교육조차 없었다고 합니다. 당국의 관리 감독도 여전히 요식행위에 그쳤습니다. 참사가 발생한 물류센터는 최근까지 산업안전보건공단의 유해, 위험방지계획서 확인 과정에서 3차례나 용접 과정 등에서의 화재 발생 가능성을 지적받았습니다. 특히 1월 말에는 '우레탄폼 패널 작업 시 화재 폭발 위험 주의'라고 콕 짚어 경고를 받았습니다.

하지만 매번 추후 개선을 약속하고 조건부 적정으로 통과됐습니다. 점검 때마다 화재 발생 우려가 나오고, 보완이 미비했다면 공사를 중지시키는 한이 있더라도 사업주에게 안전 규정 준수를 강제하는 게 당연한 것 아닌가요!

온 사회가 안전불감증을 질타해도 참사가 끊이지 않는 데는 안전 규정을 지키는 것보다 벌금이 더 싸다는 잘못된 인식 탓도 큽니다. 참사가 발생할 때마다 각종 안전 관련 제도가 마련됐지만, 근로자들의 안타까운 희생만 계속되고 있습니다. 대통령께서 직접 나서서 산업현장 안전 구조가 근본적으로 개선되도록 해야 합니다.

2020년 5월 20일

재개발 철거 조폭 개입 엄중 문책하라

문재인 대통령께서는 도시개발 과정에서 일어나는 투기행위들과 개발 정보의 유출, 기획부동산 위법, 부당 금융대출의 결합 같은 원인의 일단도 때때로 드러났지만 우리는 뿌리 뽑지 못했다고 말씀하셨습니다.

철거 중인 건물이 무너지면서 버스를 덮쳐 승객 명이 숨지고 8명이 중상을 입은 광주 재개발 사건에 조직폭력배 행동대장 출신으로 알려진 문흥식 씨가 관여했다는 의혹이 커지고 있습니다.

문 씨는 재개발 조합장 선출에 개입했다고 전해집니다. 그가 재개발 조합 고문으로 철거업체 선정에 영향력을 행사하고 수억 원의 금품을 챙겼다고도 합니다. 경찰이 수사를 확대하자 문 씨는 갑자기 미국으로 출국했습니다.

조폭 세력이 재개발 사업에 뛰어들어 불법, 탈법으로 이권을 노리면 재건축 지역주민의 부담만 커집니다. 하도급은 재하도급, 재재하도급으로 이어지고 업체들은 수익 확보를 위해 안전관리는 외면하게 됩니다. 재개발 지역 세입자나 상인들에게 돈을 더 받아주겠다며 폭력을 휘둘러 철거를 막기도 합니다. 이 과정에서 돈을 챙기는 전문 시위꾼 집단도 있습니다. 난장판이 따로 없습니다. 조폭 세력은 재개발로 돈을 벌며 합법적 기업으로 가장합니다. 사회적 영향력 이 큰 단체장을 차지하고 유력 인사들과 유착하기도 합니다.

문 씨도 5·18 관련 3대 단체 중 하나인 5·18구속부상자회 회장을 지냈습니다. 그는 작년 문재인 대통령이 5·18국립민주묘지를 방문했을 때 바로 뒤에서 참배하기도 했습니다. 어이없는 일입니다.

문 씨를 붙잡아 철거 과정에 어떤 문제가 있었는지 밝혀야 하지만, 문 씨도 피 과정에도 의문이 많습니다. 그가 출국한 것은 경찰이 본격 수사를 위해 정식 입건하기 직전입니다. 누군가 수사 상황을 미리 알려줬을 가능성이 있습니다. 지역 유착 세력의 뿌리가 깊은 만큼 있을 수 있는 일입니다. 최근 국내 거의 모든 건설 현장은 노조가 장악하고 패권 다툼을 벌이고 있다고 합니다. 무법천지가 따로 없습니다.

2021년 7월 31일

일가족 3명의 안타까운 죽음

문재인 대통령께서는 재산 등록제를 모든 공직자로 확대해 최초 임명 이후 재산 변동 사항과 형성과정을 상시 점검받는 시스템을 마련하라고 말씀하셨습니다.

서울 강서구 화곡동의 다가구주택에서 숨진 뒤 뒤늦게 발견된 일가족이 코로 나19로 경제적 어려움을 겪다가 극단적 선택을 한 것으로 보입니다. 이들은 숨지기 전 월세 20만 원을 제때 내지 못해 절반인 10만 원으로 깎아달라고 집주인에게 요청했다고 합니다. 발견 당시 사망 시점을 가늠하기 힘들 정도로 시신은 방치돼 썩어 있었습니다.

숨진 60대 어머니와 30대 아들, 40대 조카 등 일가족 3명은 모두 기초생활 보장 수급 대상자였습니다. 불안정한 직업으로 생계를 힘겹게 이어가다가 코로나 19 영향으로 일이 끊기자 보증금 8천만 원에 월세 20만 원짜리 셋방의 주거비용을 감당할 수 없었던 것 같습니다. 이 가족이 깎아달라고 부탁했던 10만 원 은 부유한 집에는 한 끼 식사 비용일 수도 있습니다.

이 가족은 서울시가 운영하는 '위기 가구 방문 모니터링' 사업 대상이었습니다. 지방자치단체가 주기적으로 대면 관리하도록 돼 있는 가구이지만, 이들은 모자가 함께 살아 고독사 위험이 낮다는 이유로 가장 낮은 4단계였습니다. 이 등급은 담당 복지 공무원이 연간 1회 가정을 방문해도 된다고 합니다. 관리 인력에 한계가 있어 위험도 등급을 나눈다는 게 서울시의 설명이지만 안타까움이 남습니다.

사회 취약계층에 대한 지역사회 내 관심 부족도 아쉽습니다. 숨진 60대 어머니는 우울증에 걸려 있었고 30대 아들은 류머티스 관절염을 앓아 코로나 이후 일하기 어려웠다고 합니다. 소외계층에게 더 따뜻한 눈길과 도움을 나눠주는 사회가 진정한 선진국입니다. 정부는 천문학적인 재난지원금을 푼다면서 정작 코로나로 하루하루 힘든 시민들을 방치하고 있는 건 아닌지 돌아봐야 합니다.

2021년 8월 20일

정부에 대한 정책 상정

06

윤석열 대통령의 '윤석열 정부'

'윤석열 정부'는 국민의 신뢰를 바탕으로 이뤄져야 한다는 취지에서 민의를 청취하여 '국민의 소리'를 상정합니다.

20대 대통령 취임을 축하드립니다

윤석열 대통령께서는 취임사에서 "자유민주주의와 시장경제 체제를 기반으로 국민이 진정한 주인인 나라로 재건하겠다"고 하셨습니다.

전체를 관통한 키워드는 '자유'였습니다. 우리 정치가 제 기능을 못 하고 있다면서 그 원인으로 '반지성주의'를 지목한 뒤, 국내외 난제 해결을 위해 자유의 보편적 가치를 공유해야 한다고 말씀하셨습니다.

대통령께서는 아울러 '빠른 성장'을 강조하셨습니다. 그래야 많은 국민이 새로운 기회를 찾을 수 있고, 사회 이동성을 제고해 양극화와 갈등의 근원을 제거할 수 있다는 논리였습니다.

또 우리 국민과 재외동포를 넘어 '자유를 사랑하는 세계 시민 여러분'을 여러 차례 외치며 청자로 삼았습니다. 역대 취임사 중

처음입니다. 세계 시민의 자유와 인권, 이를 위한 국제사회와 연대를 강조 하셨습니다.

역대 대통령들은 취임사에서 그 나름의 시대정신을 제시하고 국정의 주요 방향을 밝혔습니다.

취임사의 초심이 제대로 지켜지지 않고 변질돼 실패한 대통령으로 기록된 경우가 다반사였지만, 국민은 취임사를 통해 경제와 복지, 외교 안보 등에 대한 새 정부의 큰 노선을 파악할 수 있었습니다.

한국 정치가 갈수록 퇴보하는 것도, 사회가 극도로 양극화된 것도 따지고 보면 국민 다수가 동의하는 보편적 가치의 부패, 철학의 부재 탓일 수도 있습니다. 그 점에서 자유 인권 등의 가치를 강조한 건 의미가 있습니다.

윤석열 대통령께서 취임하면서 74년 만에 청와대가 시민들에게 전면 개방됐습니다. 노무현, 문재인 전 대통령 등도 대선 과정에서 집무실 이전을 약속했다가 막상 당선되고 나서는 경호나 안보 등의 사유를 대며 청와대를 떠나지 않았습니다.

하지만 윤 대통령께서 강한 의지를 보이며 결국 1948년 정부 수립 이래 계속됐던 ‘청와대 시대’를 마감했습니다. 한국 현대사에서 중요한 장면 중 하나로 기억될 것입니다.

집무실 이전이 윤 대통령께서 역사적 결단으로 평가될 수 있느냐는 단순한 장소 이동을 넘어서 한국에서 마침내 ‘제왕적 대통령’ 시대가 끝나느냐에 달려 있습니다. 윤 대통령께서 권위를 벗어던지고 내각과 야당, 국민과 수평적 소통을 이어가겠다는 약속을 진실로 실천하실 것으로 기대합니다.

2022년 5월 12일

은행 이자 장사
취약계층 고통 분담하자

윤석열 대통령께서는 이 나라를 자유민주주의 시장경제 체제를 기반으로 국민이 주인인 나라로 재건하고, 국제사회에서 책임과 역할을 다하는 나라로 만들어야 하는 시대적 소명을 갖고 이 자리에 섰다고 말씀하셨습니다.

국내 5개 금융지주회사의 올 1분기 순이익이 역대 처음 5조 원대를 넘어섰습니다. 지난해 같은 기간과 비교해 KB국민, 신한, 하나, 우리금융의 순이익이 8~32% 급증했고 NH농협금융의 순이익만 소폭 줄었습니다.

이 같은 호실적은 지난해 8월 이후 기준금리가 4회에 걸쳐 1%포인트 오르는 동안 은행들이 예금금리보다 대출금리를 더 많이 올리는 '이자 장사'를 한 결과입니다.

은행들이 예대 차익으로 쉽게 돈을 번다는 지적이 나온 게 어제오늘이 아니지만, 최근 금융권의 이자 이익 규모는 이례적이라고 할 정도로 많습니다. 이는 주식과 부동산에 머물던 자금이 은행으로 돌아와 대출 재원이 많아진 상태에서 예대차익이 크게 늘었기 때문입니다. 실제 주요 은행의 6개월 이하 정기예금은 1년 만에 55% 증가했고, 올해 들어 예대차익 폭은 두 달 만에 0.3% 포인트 증가했습니다.

금융권의 대규모 이자 이익은 은행의 영업력 때문이 아니라 절대적으로 유리한 자금 흐름과 금리 결정 구조 덕분이었습니다.

은행들이 호황을 누리는 것과는 달리 가계는 이자 부담으로 허리가 휠 지경입니다. '영'과 '빚'여파로 빚이 눈덩이처럼 불면서 전체 가계대출 규모는 작년 말 1,862조 원에 이르렀습니다. 이 상태에서 기준금리가 1% 포인트 오르면 가구당 연간 88만 원에 이르는 이자 부담을 추가로 떠안아야 합니다.

지난해 최대 실적으로 이미 성과급 잔치를 한 은행들이 또다시 이자 수입 늘리기에 급급한 것은 인상으로 고통받는 사람을 외면하는 행태입니다.

은행업은 지급 결제와 신용창조 기능을 통해 국가 경제에 돈을 흐르게 하는 일종의 기간산업입니다. 정부가 은행에 독점적 영업

권을 주는 것은 이익 극대 화가 최우선 목표인 일반 기업과는 역할이 다르기 때문입니다.

자산을 다 팔아도 빚을 갚기 힘든 고위험 가구가 38만 가구에 이르는 위기 국면에서 은행이 할 일은 이자 장사가 아니라 고통 분담입니다. 국제신용평가 기관인 무디스가 최근 우려를 표시할 만큼 국내 가계 부채가 급증한 데는 은행의 책임도 적지 않습니다.

은행은 예대차익을 투명하게 공개하는 한편 취약계층의 대출 원리금 부담을 줄이는 대안을 고민해야 할 때입니다.

2022년 5월 23일

공무원과 공공기관 개혁 핵심 과제다

윤석열 대통령께서는 산업구조의 대변혁 과정에서 경쟁력을 제고하고, 많은 일자리를 창출하기 위해서는 글로벌 스탠더드에 부합하는 노동 개혁 역시 필요하다고 말씀하셨습니다.

공기업은 원래 '신의 직장'으로 불리던 곳이었지만 문재인 정부 들어 '신도 부러워하는 직장'이 될 만큼 경영이 방만해졌습니다. 역대 정부가 공공부문 군살 빼기를 추진한 반면 문 정부는 "정부가 최대 고용주"라며 인력과 조직을 늘리는 역주행 정책을 폈습니다. 문 정부 5년간 공공기관 숫자가 332개에서 350개로 늘고 인력도 35%(11만 명)나 급증했습니다. 디지털화와 업무 자동화로 갈수록 사람 손은 덜 필요해지는데 도리어 직원 수는 늘어났습니다. 이 전체가 낭비이고 국민 부담입니다.

36개 사업형 공기업들이 2016년엔 합계 14조 원의 순이익을 냈지만 2년 전부터 순손실로 돌아섰습니다. 한 해 7조 원 이익을 올렸던 한전이 올 1분기에 만 8조 원 적자를 냈고, 인천공항공사, 석유공사, 철도공사, 마사회 등도 재정난에 허우적대고 있습니다. 그런데도 경영 합리화는커녕 보너스 잔치까지 벌였습니다. 지난해 36개 공기업은 2,000억 원의 순손실을 냈지만, 상근임원 180명은 평균 4,700만 원의 성과급을 받았습니다. 부실 덩어리가 된 한전 사장과 코로나 사태로 관광업이 초토화된 한국관광공사 사장도 1억 원 안팎을 받았습니다.

문 정부는 중앙 정부 공무원 수도 5년간 13만 명 늘려 인건비 지출이 30%나 불었습니다. 이명박 정부(1만 2,000명), 박근혜 정부(4만 1,500명)의 공무원 증가 폭을 합친 것보다 2배 이상 많습니다. 지방에선 거주 인구가 줄었는데 공무원만 늘어난 지자체가 부지기수입니다. "동, 면사무소에 민원인보다 공무원이 더 많다"는 말이 나올 정도입니다. 이들이 퇴직하면 지급해야 할 연금 충당 부채는 5년간 300조 원이나 늘었습니다. 납세자 허리가 휠 판입니다.

윤석열 대통령께서는 연금 노동, 교육 개혁을 더 이상 미루지 않고 추진하겠다고 발표했는데 여기에 공공부문도 추가해 '4대 개혁'을 국정 과제로 추진해야 합니다.

2022년 7월 11일

가상화폐
철저히 수사하라

윤석열 대통령께서는 오월 정신은 보편적 가치의 회복이고 자유민주주의 헌법정신 그 자체, 그 정신은 우리 모두의 것이고, 대한민국의 귀중한 자산이라고 말씀하셨습니다.

검찰과 경찰이 한국산 가상화폐인 테라와 루나 투자자 모집 과정에 사기나 유사 수신 혐의가 있는지 밝히기 위한 수사에 조만간 나설 예정입니다. 초점은 테라-루나 발행사인 테라폼랩스가 테라 예치자에게 연 최대 20%의 이자를 코인으로 주겠다고 한 약정에 맞춰져 있습니다.

이 약정이 신규 투자자의 돈으로 기존 투자자에게 이자를 주는 폰지사기에 해당하는지 규명하겠다는 것입니다. 테라는 1개당 가치가 1달러에 연동되는 스테이블 코인입니다. 다만 달러나 금을 담보로 하는 다른 코인과 달리 테라는 자매 코인인 루나를 발행해 가치를 떠받치도록 했습니다. 이런 구조하에서 테라 매물이 쏟아지고 루나 가격이 폭락하면서 대규모 인출 사태가 벌어진 것입니다. 실제 가치를 알기 힘든 코인을 다른 코인으로 보증하는 폭탄 돌리기가 빚은 참사입니다.

테라-루나 사태 피해자는 국내에만 28만 명에 달하고 이들이 보유한 코인 수만 700억 개에 이릅니다. 인터넷에는 수백만~수억 원의 피해를 입었다는 MZ 세대의 사연이 줄을 잇고 있습니다. 개인 피해가 눈덩이처럼 커진 것과 달리 한 가상화폐거래소 운영사는 지난해 2월 보유 중이던 루나를 매도해 1,300억 원의 차익을 올렸습니다. 일부 거래소는 이번 사태 이후에도 입출금을 바로 중단하지 않아 100억 원에 육박하는 수수료 수입을 챙기기도 했습니다. 초유의 코인 대란에 개인은 땅을 치지만 발행사 거래소 기관투자가는 뒤에서 웃고 있습니다.

이번 사태는 저금리 시기 몰아친 한탕주의 광풍과 방만한 리스크 관리의 합작품입니다. 투자 위험을 제대로 고지받지 못한 억울한 피해자가 적지 않지만, 이들이 당장 구제받기는 어렵습니다. 제도권 금융과 달리 가상화폐 시장에는 투자자 보호장치가 없기 때문입니다. 철저한 수사를 통해 고율의 이자 지급을 약속한 행위의 불법성을 가려내는 것만이 유일한 해법입니다. 금융당국은 투기판으로 변질된 가상화폐 시장의 투명성을 높이고 최소한 범죄로부터 투자자를 보호할 방안 마련에 속도를 내야 합니다. 2022년 7월 22일

경찰 기강 확립하라

윤석열 대통령께서는 대통령 비서실은 정책 등을 중심으로 해야지 사람에 대해 비위나 정보를 캐내는 건 안 하는 게 바르다고 말씀하셨습니다.

복면을 쓴 괴한이 파출소에 화살총을 쏘고 달아났는데 안에 있던 경찰관들이 검거에 나서긴커녕 몸을 숨긴 채 10분 동안 파출소 밖으로 나오지 않았다고 합니다. 그 사이 범인은 시민을 향해 범행을 저지르려 했을 수도 있습니다. 당시 파출소엔 권총과 테이저건 등 진압 장비가 있었는데도 범인을 쫓을 생각을 하지 않았습니다. 이러고도 경찰이라고 할 수 있을까요?

지난달 30일 새벽 2시 16분쯤 20대 남성이 여수 봉산파출소 출입문 틈으로 화살 총 1발을 쏜 뒤 출입문 앞에서 12초가량 욕설을 하다 사라졌습니다. 파출소에 있던 경찰관 7명은 펑 하는 소리에 놀라 일제히 책상 아래로 숨은 뒤 10분 동안 파출소 안에 머물렀습니다. 조사실에 몸을 숨긴 채 여수경찰서 상황실에 전화한 것이 전부였습니다. 범인은 범행 12시간 만에 자신의 아파트에서 다른 경찰들에게 잡혔습니다.

아무리 경찰이라도 위급한 상황에선 순간적으로 몸을 피할 수 있지만, 범인을 잡아야 한다는 의무감을 가져야 하고, 반사적으로 대응할 수 있게 훈련도 돼 있어야 합니다. 당시 파출소 경찰관이 범인을 잡아달라며 휴대전화로 112에 신고했다는 의혹도 나오고 있습니다. 경찰은 부인하지만, 당시 상황을 보면 아니라고 단정하기도 어렵습니다. 그런 황당한 일이 실제로 있었는지 밝혀야 합니다.

지난해 11월 경찰 2명이 범행 현장에서 몸을 피해 일가족 3명이 중상을 입은 '인천 흉기 난동 사건'이 발생하자 경찰청은 대응 능력을 강화하기 위한 특별 훈련을 실시하겠다고 했습니다. 당시 경찰청은 "어떤 순간에도 경찰이 지켜줄 것이라는 국민의 신뢰가 흔들리고 있다"고 했는데 달라진 게 없습니다. 최근 경찰은 행정안전부의 경찰 관리 · 감독기구 신설 방침에 대해 '경찰 통제'라며 반발하고 있습니다. 일부 경찰관들은 삭발식까지 하고 있습니다. 그런 주장을 하기 전에 국민의 생명, 신체 보호, 범죄 예방과 진압이라는 기본 임무부터 제대로 챙겨야 합니다.

2022년 7월 30일

전세 사기 서민 등치는 범죄 엄벌하라

윤석열 대통령께서는 서민 경제가 무너지면 국가 경제의 기본이 무너지는 것, 고물가 고금리 부담이 서민과 취약계층에 전가되지 않도록 관계기관은 각별히 신경을 써달라고 말씀하셨습니다.

세 모녀로부터 보증금을 돌려받지 못한 피해자는 대부분 20, 30대 사회 초년생과 신혼부부였습니다. 이들은 전 재산이나 다름없는 전세보증금과 주거지를 한꺼번에 잃어 회복 불가능한 수준의 피해를 입었습니다. 청년과 서민들의 삶의 터전을 송두리째 무너뜨리는 전세 사기는 가정파괴 범죄라고 볼 수 있습니다.

경매로 넘어간 빌라를 '울며 겨자 먹기' 식으로 낙찰받아 주택 청약자격을 상실하거나 전세보증금 대출 연체로 신용불량자가 되는 피해자도 적지 않습니다. 최근 집값은 주춤하고 전셋값은 급등하면서 세입자의 돈으로 갭투자를 한 뒤 보증금 반환 직전에

잠적하는 '제2의 세 모녀 사기 사건' 위험이 커지고 있습니다.

복합 경제 위기로 인해 심각해지는 민생범죄는 전세 사기뿐만 아닙니다. 제도권 금융의 혜택을 받지 못하는 서민들을 노린 초고금리 불법 대출, 보이스피싱 같은 범죄도 방치해선 안 됩니다.

경제위기 때는 사회 안전망의 틈이 벌어지고, 그렇게 되면 사회 약자인 서민들이 가장 먼저 민생범죄에 노출될 수밖에 없습니다. 수사기관의 가장 큰 존재 이유는 범죄로부터 사회적 약자를 보호하는 것이라는 점을 명심해야 합니다.

현재 검찰은 사기 사건의 규모가 5억 원 이상일 때만 직접 수사하고, 그 이하는 경찰이 맡도록 돼 있습니다. 하지만 민생범죄에 한해서는 검찰과 경찰은 영역 다툼을 벌이거나 경계선에 있는 범죄를 상대편에 떠넘겨서도 안 됩니다. 검찰은 이례적인 전세 사기 엄정 수사 발표에 대해 "혹여 나쁜 생각을 품은 사람들을 위축시키는 효과도 있을 것"이라고 했습니다.

수사기관이 협업하고, 선제적으로 대응해야 서민 피해 범죄를 효율적으로 예방할 수 있을 것입니다.

2022년 8월 10일

비대해진 공무원과 공공기관 수술하라

윤석열 대통령께서는 여야가 치열하게 경쟁하면서도 민생 앞에서는 초당적인 협력을 통해 위기를 극복해온 자랑스런 역사가 있었다고 말씀하셨습니다.

정부는 앞으로 5년간 공무원 인력을 동결하겠다고 밝혔습니다. 정부 조직과 지출을 축소해 재정을 건전화하고 민간 주도의 경제 운용으로 전환하겠다는 것입니다. 중앙 정부와 지자체 공무원은 지난 2009년부터 지속적으로 증가했습니다. 이명박 정부 당시 99만 명에서 박근혜 정부 때 103만 명, 문재인 정부 때 116만 명으로 늘었습니다.

법에 따라 신분이 보장되는 공무원은 한 번 늘리면 줄이기 어렵습니다. 그에 따른 재정부담도 커질 수밖에 없습니다. 지난 5년간 공무원 인건비 지출이 30%나 불었고, 공무원이 퇴직하면 지급해야 할 연금 충당 부채는 300조 원 정도 증가했습니다. 그

사이 국가부채는 400조 원 넘게 늘어 1,000조 원을 넘어섰습니다. 국민 1인당 국가채무가 2,000만 원에 달합니다. 저출산 고령화로 세금 낼 사람은 점점 줄어드는데 누가 어떻게 감당합니까?

공공부문이 비대해지면 경제 효율이 떨어집니다. 공무원이 많아지면 규제도 따라서 늘어나게 돼 있습니다. 특히 지금 같은 위기에는 불필요한 인력과 조직을 줄이고 비효율적인 기능은 없애거나 민간에 넘겨 정부부터 생산성을 높여야 합니다.

공무원뿐 아니라 공공기관 인력조정도 필요합니다. 공공기관 임직원이 5년 새 35%(11만 5천 명) 늘었다는 통계도 있습니다. 세금 알바도 대폭 줄이거나 없애야 합니다. 공무원과 공공기관 노조 등의 기득권 지키기 반발이 뒤따를 것입니다. 하지만 인플레이션과 경기침체 위기 속에서 공공부문 구조조정은 불가피합니다.

2022년 8월 20일

욕설 비방 현수막 공해 엄중 문책하라

윤석열 대통령께서는 국민의 생명과 재산을 지키는 것이야말로 국가의 가장 기본적인 책무이자 의무인 만큼 끝까지 긴장의 끈을 놓지 않고 총력을 다 하겠다고 말씀하셨습니다.

현대자동차 국내사업본부가 있는 서울 강남구 삼성동 빌딩 주변을 최근 집회 현수막이 뒤덮고 있습니다. 20m가량 거리에 현수막만 67개이고, 가로수에 묶어둔 피켓이나 입간판도 50개가 넘는다고 합니다.

현대차가 노조 가입 직원을 해고하기 위해 '위장 폐업'을 했다며 금속노조 자동차판매연대지회가 내건 것입니다. 현대차는 사실이 아니라고 하는데도 현수막엔 '범죄 수괴 정의선 즉각 구속', '투쟁으로 박살 내자' 등 섬뜩한 내용이 적혀 있습니다.

집회 현장에 이런 근거 없는 욕설, 비방 현수막이 등장한 건 어제오는 일이 아닙니다. 특히 대기업 사옥 주변은 심각합니다. 거의 하루도 빠짐없이 시위가 이어지는 서울 서초구 서초동 삼성전자 사옥 앞에도 '범죄 수괴 이재용', '악질 장사꾼' 같은 현수막이 걸려 있습니다.

기업뿐만이 아닙니다. 관광지나 주택가에도 작은 갈등이 생기면 어김없이 이런 현수막이 내걸리고 있습니다. '현수막 공화국'이란 말까지 나옵니다.

이 지경이 된 데는 집회 현수막을 '내걸기는 쉽게' '떼어내기는 어렵게' 만든 법과 제도 탓이 큽니다. 옥외광고물법상 현수막은 전용 게시대에만 걸 수 있습니다. 하지만 집회 시위용 현수막은 '집회 시위를 위한 도구'로 보고 예외를 인정합니다. 집회 신고만 하면 그 기간 현장 주변에 설치할 수 있고, 개수 제한도 없습니다. 한 번에 최장 30일간 할 수 있는 집회 신고를 계속 연장하면 1년 내내 걸 수도 있는 것입니다.

사실상 규제가 없는 것이나 마찬가지입니다. 그렇다 보니 집회 신고를 한 뒤 정작 집회는 하지 않으면서 현수막만 내거는 경우도 많습니다. 그래도 구청 등에선 재물 손괴 등의 혐의로 처벌될 수 있다는 우려 때문에 현수막을 떼지 못한다고 합니다. 어처구니없는 상황입니다.

집회 시위의 자유도 다른 사람 인권을 침해하고 삶을 해치는 수준까지 허용할 수 없습니다. 시위용 현수막 공해는 이제 선을 넘었습니다. 제한 구정을 만들고, 실제로 집회 시위가 열리지 않는 시간에는 현수막을 설치할 수 못하도록 관련 법률을 보완해야 합니다. 이를 어길 경우 현수막으로 피해를 보는 쪽이 강제 철거 등을 신청할 수 있는 구제 장치를 마련할 필요도 있습니다.

2022년 8월 31일

국민은 고금리 고통
은행원들 돈 더 달라 파업

윤석열 대통령께서는 집단적 갈등에 의해 각자가 보고, 듣고 싶은 사실만을 선택하거나 다수의 힘으로 상대의 의견을 억압하는 반지성주의가 민주주의를 위기에 빠뜨렸다고 말씀하셨습니다.

시중은행 노조들이 속한 금융노조가 임금 6.1% 인상, 주 36시간 근무를 요구하며 19일 파업 찬반투표를 할 예정입니다. 찬성이 많으면 내달 16일부터 총파업을 하겠다고 합니다. 지난해 4대 시중은행의 평균 연봉은 1억 550만 원에 달했습니다. 은행들은 코로나 사회적 거리 두기에 동참한다는 이유로 작년 7월 이후 하루 1시간 단축해 고객들에게 불편을 주고 이젠 아예 근무시간을 주 4시간 더 줄이겠다는 것입니다. 그러면서 임금은 더 올려 달라고 합니다. 은행들은 '미친 집값'과 '영끌 빚투'에 편승해 가계대출을 대폭 늘리면서 큰돈을 벌었습니다. 지난해 4대 금융그룹은 예금, 대출금리 차이에 따른 수익만 34조 원 넘게 벌어들였습니다. '땅 짚고 헤엄치기'식 장사입니다. 이익이 사상 최대를 기록하자 임직원에게 월급의 300%에 해당하는 성과급을 지급하고, 명예퇴직자들에게 3~4년 치 연봉에 해당하는 보너스를 안겨주는 돈 잔치를 벌였습니다. 올 상반기에도 4대 은행이 거둔 이자 수익이 15조 3천억 원에 이릅니다. 금융노조는 이런 이익을 바탕으로 물가상승률을 반영해 달라고 임금 6.1% 인상을 요구하고 있습니다.

1,800조 원대 빚을 안고 있는 국민은 기준금리 인상에 따른 이자 부담 폭증으로 큰 고통을 받고 있습니다. 인플레이션을 막기 위한 한국은행의 기준금리 인상은 불가피한 측면이 있습니다. 이 과정에서 은행들은 막대한 추가 이익을 누립니다. 은행들은 "이자 장사가 지나치다"라는 금융당국 경고가 잇따르자 저신용자에 대한 주택담보 최고 금리를 소폭 낮췄는데, 신용대출 금리는 오히려 올리는 등 눈속임을 하고 있습니다.

은행들은 1998년 외환위기 때 국민과 국가에 큰 신세를 졌습니다. 무분별한 기업 대출로 은행들이 대거 부도 위기에 몰렸을 때 168조 원의 공적자금 투입 덕에 기사회생했습니다. 이젠 은행들이 이익을 희생해서 취약계층 채무조정을 도와야 할 때입니다. 그런데 연봉 1억 은행원들이 '일은 덜 하고 돈은 더 받겠다'라고 합니다. 몰염치라고 할 수밖에 없습니다.

2022년 9월 10일

홍청망청 교육교부금 수사하라

윤석열 대통령께서는 정부는 국가와 국민을 위해 희생하고 헌신하신 분들을 책임 있게 예우하는데 한 치의 소홀함이 없도록 하겠다고 말씀하셨습니다.

교육부가 29일 대통령 업무보고에서 유, 초, 중등과 대학교육 간 투자 불균형을 해소하기 위해 지방 교육재정교부금 일부를 대학에 투자하겠다고 했습니다. 교부금에서 일부(올해 3조 6천억 원)를 떼어내 '고등교육특별회계'를 만들고 이를 대학 지원금으로 활용하는 것이 핵심입니다. 교육청들이 갑자기 늘어난 교부금을 주체하지 못하는 현실을 감안하면 진작 했어야 할 일입니다.

교육교부금은 내국세 일부(20.79%)를 자동으로 지방교육청에 할당하는 방식입니다. 1971년 학생 수가 폭발적으로 증가할 때 교육 인프라를 확충하기 위해 도입한 것입니다. 그런데 저출산으로 학생 수가 급격히 줄어드는데도 내국세가 늘면서 전체 교부금

규모는 폭증하기만 했습니다. 교육감들이 마땅히 쓸 곳을 찾지 못할 정도입니다. 2000년 이후 올해까지 유, 초, 중, 고 학생 수는 34% 줄었는데 교부금은 무려 4배로 늘어났습니다.

재작년과 작년 11개 교육청은 학부모에게 재난지원금 4,700억 원을 지급했습니다. 중·고교 입학 준비금을 1인당 30만 원씩(서울) 주고, 교복비나 스마트 기기를 지급한 교육청도 여럿 있습니다. 서울시교육청은 올해 정부의 추경 편성으로 3조 7,337억 원이 더 들어오자 이 중 2조 7천억 원은 기금으로 쌓아 두기로 했습니다. 쓸 곳을 찾지 못해 일단 저축해 두기로 한 것입니다. 반면 대학 은 14년째 등록금이 동결되면서 극심한 재정난에 시달리고 있습니다. 상식을 가진 국민이면 국가 예산이 이렇게 엉터리로 쓰여도 되느냐는 생각을 하지 않을 수 없습니다.

정부 방침대로 교부금 제도를 고치려면 법을 고쳐야 합니다. 그런데 민주당은 반대하고 있습니다. 민주당 의원들은 국민 혈세가 흥청망청 버려지는 듯 쓰이는 것이 보이지 않나 봅니다. 아무리 정부 정책은 무조건 반대한다고 해도 이것은 정치적 문제도 아닙니다. 국회 다수당인 민주당이 이마저도 반대하는 것은 무책임일 뿐입니다. 오히려 민주당이 앞장서 교부금법을 고쳐 교육재정의 균형을 이룬다면 박수를 받을 것입니다.

2022년 9월 20일

국가 미래를 위해 이민청 환영한다

윤석열 대통령께서는 국민이 기대했던 처음 윤석열의 모습으로 돌아가겠다. 제가 국민에게 해야 할 일은 초심을 지키면서 국민의 뜻을 잘 받드는 것이란 생각을 휴가 기간에 다지게 됐다고 말씀하셨습니다.

국내 체류 외국인이 코로나 여파로 급감했다가 15개월 만에 200만 명대를 회복했습니다. 법무부 출입국 · 외국인정책본부에 따르면, 국내 체류 외국인은 2019년 252만 명으로 최고를 기록했다가 급감한 후 지난 5월 현재 201만 명을 기록하고 있습니다.

특히 예전엔 국내 체류 외국인이 공장과 농촌에서 일하는 근로자 중심이었는데, 최근에는 창업이나 연구 개발을 위한 고급 인재가 늘고 있습니다. 긍정적입니다.

지난해 11월 기준 우리나라의 총인구는 5,173만 8,000명으로, 사상 처음 감소세로 전환했습니다. 총인구는 외국인을 포함해 한국 땅에 사는 사람의 합계인 데, 1년 전보다 9만1천 명(0.2%) 줄어든 것입니다. 매달 태어나는 신생아보다 사망자가 많은 인구 감소가 2019년 11월부터 이어진 데 이어 코로나 여파로 국내 거주 외국인까지 줄었기 때문입니다.

이에 따라 인구 감소에 대비한 노동력 확보가 중요해질 수밖에 없습니다. 우리나라 15~64세 생산 연령 인구는 1년에 34만 명이나 감소했습니다.

저출산 해결 전망이 보이지 않는 상황에서, 인력 문제를 해결할 방안으로 이제 이민정책을 고려하지 않을 수 없는 처지에 놓여 있습니다. 그렇다고 무분별하게 외국인 국내 이주를 허용할 수 없는 일입니다. 자칫 잘못하면 큰 사회적인 문제를 야기할 것이 분명합니다. 더구나 이제는 국내에 부족한 글로벌 고급 인력을 적극 유치하는 전략으로 가야 하는 시기이기도 합니다.

어떤 분야에서 어떤 연령대 인력이 필요한지, 이런 인력을 어떻게 국내로 유입시킬지, 이들을 어떻게 국내에 잘 정착시켜 활용할지 등을 종합적으로 계획하고 정책을 집행할 전담 조직을 신설하는 방안을 적극 검토할 시점입니다.

지금은 법무부가 이민자와 외국 국적 동포, 고용노동부는 외국인 노동자, 여성가족부는 결혼 이민자와 다문화 가족, 외교부는 재외동포를 대상으로 개별적으로 정책을 추진하고 있습니다. 이럴 일이 아닙니다.

현재 법무부가 가장 적극적으로 이민청 신설을 추진하고 있습니다. 하지만 출입국 업무를 넘어 국가 미래 전략을 세우는 일인 만큼 범정부 차원에서 논의를 넓힐 필요가 있습니다.

2022년 9월 30일

악랄해진 성범죄 단속 시급하다

윤석열 대통령께서는 국정을 운영하는 데 있어서 가장 중요한 것은 첫째도 국민의 뜻이고, 둘째도 국민의 뜻이라고 말씀하셨습니다.

온라인 메신저에서 미성년자 성 착취물을 제작해 유포하는 디지털 성범죄에 대해 경찰이 수사에 나섰습니다. '엘'(가칭)이라는 범행 주도자 외에 최소 8명이 범죄의 공범으로 가담했고, 성 착취 동영상이나 사진은 확인된 것만 해도 350개가 넘습니다.

2019년에 수많은 피해자를 낳았던 '2번방 사건'에 이어 3년 만에 유사한 범죄가 다시 벌어진 것입니다.

엘과 공범들의 수법은 2번방 사건 때보다 더 은밀하고 악랄해졌습니다. 고정 채팅창에서 폐쇄적으로 운영됐던 2번방과 달리 이번 사건의 범죄자들은 계정을 바꾸거나 수시로 방을 이동하는 수법으로 감시망을 피해 다녔던 것입니다.

엘은 디지털 성범죄를 파헤쳤던 '추적단 불꽃'을 사칭해 미성년자들에게 접근한 뒤 수사 미끼로 써야 한다며 성 착취물을 강제로 촬영하게 협박했습니다. 피해자들 상당수가 10대로, 초등학생도 포함돼 있다고 합니다.

경찰이 전담팀을 꾸려 수사에 나섰지만, 진척에 난항을 겪고 있습니다. 성 착취물 공유에 이용돼온 메신저 프로그램 텔레그램의 해외 서버에 접근이 허용되지 않아 유포자들의 신원 확인부터 막힌 상태입니다.

현재까지 금전거래 내역이 발견되지 않아 금융거래망을 이용한 추적도 불가능합니다. 그러는 사이 채팅방 운영자들은 경찰을 조롱하듯 성범죄물을 계속 퍼뜨리고 있습니다.

경찰은 n번방 사건 당시 수사 노하우를 쌓고도 이번 사건이 언론에 보도될 때까지 적극적으로 대응조치를 취하지 않았습니다.

피해자가 일선 경찰서에 신고했으나 유포 정황을 확인하기 어렵다는 이유로 8개월간 사이버 범죄 전담팀에 이관되지 않는 사례도 있었습니다. 늑장 대응이라고 해도 할 말이 없을 것입니다.

경찰은 성범죄자 검거를 서둘러 지금도 계속 생겨나고 있는 추가 피해부터 막아야 합니다. 디지털 범죄의 특성에 맞춰 범죄 감지 단계에서부터 선제적이고 신속하게 대응할 수 있는 기술적 뒷받침도 강화해야 할 것입니다.

피해자들의 호소와 외침이 터져 나온 뒤에야 따라붙는 수사 속도로는 음습한 온라인 공간에서 독버섯처럼 번지는 디지털 성범죄를 막을 수 없습니다.

2022년 10월 10일

불법 사채
강력 단속 처벌하라

윤석열 대통령께서는 국민 목소리 하나 놓치지 않고, 한치도 벗어나지 않도록 국민의 뜻을 잘 받들겠다고 말씀하셨습니다.

신용 취약계층을 상대로 한 불법 사채 피해사례가 급증하고 있습니다. 지난해 금융감독원에 접수된 불법 사금융 피해 신고 및 상담 건수는 9,238건으로 역대 가장 많았습니다.

과도하게 높은 금리와 불법 채권추심, 불법 중개수수료 등 신고가 전년 대비 25.7% 늘어났습니다. 올해 1분기 신고 건수도 2,068건에 이릅니다.

최근엔 악성 소액 단기대출이 기승을 부리고 있다고 합니다. 30만 원을 빌려주고 일주일 뒤 50만 원을 갚는 식인데, 연간으로 환산하면 이자율은 3,470%에 이릅니다.

자칫 연체하게 되면 이자가 눈덩이처럼 불어나면서 감당할 수 없는 채무의 늪에 빠지게 되는 구조입니다. 지난해 말에는 생계난에 처한 소상공인과 취업 준비생에게 연 5,000% 고리를 뜯어낸 사채업자들이 적발되기도 했습니다.

악덕 사채업자들은 돈을 갚으라고 폭언과 신체적 위해 협박까지 서슴지 않고 있습니다. 돈을 빌린 사람은 물론 그 가족에게까지 집요하게 독촉하는 경우도 부지기수입니다. 돈이 급한 서민들의 약점을 이용해 고금리를 뜯는 것도 모자라 불법 추심으로 가정과 삶을 파탄 낸다는 점에서 가장 악질적인 민생범죄의 하나입니다.

이런 부작용이 예견됐던 만큼 정부는 이들에 대한 금융 지원을 비롯해 철저한 보완책을 마련했어야 했습니다.

금강원과 경찰은 지금이라도 불법 사채업자들에 대한 단속과 감시를 강화해 서민들의 피해를 줄일 수 있도록 해야 합니다. 금융당국은 이와 함께 금융 취약계층을 위한 대출 상품의 문턱을 낮추고 지원 규모와 범위는 넓히는 방안도 검토해야 할 것입니다. 단속과 지원이 함께 가지 않고는 불법 사채를 근절할 수 없습니다.

2022년 10월 20일

마약 심각하다
강력히 단속하라

윤석열 대통령께서는 모든 국민이 질병, 실업, 장애, 빈곤 등에서 벗어나 인간다운 삶을 살게 해주는 복지는 지속 가능한 성장의 기초가 되고 성장은 복지의 재원이 된다고 말씀하셨습니다.

유명 작곡가 겸 가수가 수차례 마약을 투약한 혐의로 구속됐습니다. 그런데 그가 경찰에 체포될 당시 필로폰 30g을 소지하고 있었다고 합니다. 약 1천 회 투약할 수 있는 양입니다. 마약 사범이 한꺼번에 이 정도 양을 갖고 있기는 드문 일입니다. 그는 텔레그램 방에서 필로폰을 구입했다고 합니다. 스마트폰 하나만 있으면 손쉽게 마약을 살 수 있는 시대가 됐고, 마약 유통도 크게 늘었음을 보여줍니다. 정말 심각합니다.

실제 트위터, 텔레그램 같은 소셜미디어에는 지금도 마약 광고가 버젓이 올라 있습니다. 판매상들은 "서울, 경기 지역은 퀵서비스로 지방은 시외버스 화물로 보내줄 수 있다"고 유혹하고 있습니다. 이제는 2030 세대를 중심으로 마약이 번지고 있다고 합니다. 경찰청에 따르면 올해 들어 6월까지 검거된 마약 사범은 5,988명으로 전년 동기보다 17% 늘었는데, 이 중 20대와 30대가 전체의 54%를 차지하고 있습니다.

최근 서울 강남의 한 카페에서 마약을 투약한 40대 남성이 난동을 부리다 경찰에 붙잡혔고, 지난 7월엔 강남의 유흥주점에서 20대 남성과 여성 종업원이 필로폰이 들어간 술을 마시고 사망하는 사건이 발생했습니다.

안타깝게도 추적과 적발은 점점 더 어려워지고 있습니다. 범죄조직의 대규모 밀수 시대가 끝나고 최근엔 점조직 형태의 밀반입 업자들이 국제특송화물로 위장해 반입하는 경우가 많아 적발하기가 어렵다고 합니다. 젊은 층은 인터넷에서 가상화폐로 마약을 거래해 추적이 쉽지 않습니다.

범정부 차원에서 대응에 나설 필요가 있습니다. 청소년 교육과 강력한 단속을 병행해야 합니다. 경찰청장도 “젊은 층의 마약 중독이 심각하다”고 했습니다. 마약과 전쟁을 벌인다는 각오로 임해야 합니다.

2022년 10월 31일

여론조사 빙자
여론조사 수사하라

윤석열 대통령께서는 지나친 양극화와 사회 갈등이 사회발전의 발목을 잡을 수 있다고 하셨습니다.

최근 미등록 여론조사 업체가 심의, 검증을 받지 않은 채 상식 밖 조사를 해 논란을 빚고 있습니다. 이 업체는 광주 지역 방송의 의뢰를 받아 '대통령 탄핵' 찬반 등에 대해 조사했습니다. 대통령 탄핵은 심각한 위법 사실이 드러났을 때 가능한 일이어서 아예 여론조사 대상이 될 수도 없는 것입니다.

그런데 '윤석열 대통령 탄핵에 공감한다'는 응답이 53%라고 발표했습니다. 60대에서도 찬성이 46%라고 했습니다. 집값 폭등과 전세 대란을 몰고 온 문재인 정부가 집값 하락세인 윤석열 정부보다 부동산 정책을 잘했다는 응답 결과도 있었습니다. 상식으로 납득하기 힘든 일입니다.

이 업체는 선관위 산하 중앙선거여론조사심의위(여심위)에 등록조차 되지 않은 신생 업체입니다. 전화 면접이나 자동 응답 조사 시스템을 갖추고 여론조사 전문가와 조사 실적이 있어야 여심위 등록이 가능합니다. 조사 때마다 표본 선정과 조사 방식, 설문지와 응답률 등을 제출해 관리, 감독을 받아야 하지만 등록도 검증도 안 된 업체가 '대통령 탄핵'과 같은 설문으로 조사했다며 발표한 것입니다. 이 조사가 나오자 야당 일부 의원이 윤 대통령 탄핵을 주장했습니다.

대선, 총선, 지방선거 후보와 정당 지지율만 아니면 어떤 자격 미달 업체든 정치 문제를 마음대로 조사해 발표할 수 있습니다. 감독 심의는 물론 제재도 받지 않습니다. 엉터리 조사로 대놓고 여론 조작을 해도 막을 방법이 없습니다. 이런 법적 맹점을 이용해 정권에 유리한 조사를 한 곳이 적지 않았습니다. 엉터리 조사 기관이 유도 질문을 하거나 응답 결과와 연령층을 바꾸기도, 특정 후보를 띄워주고 돈을 받기도 했습니다.

최근엔 편파방송 논란을 빚어온 김어준 씨까지 직접 여론조사 회사를 차렸습니다. 유료 회원 모집 방식으로 매주 정치, 기획 조사를 해 공개한다고 합니다. 여론조사를 빙자한 여론 조작과 민심 왜곡은 더 심각해질 것으로 보입니다.

2022년 11월 10일

자랑스런 칭찬 주인공

- 각계각층의 모범공직자와 사회에서 봉사하신 분, 신문, 방송에 보도된 분 중 추천된 분들을 엄선하여 3,000여 명에게 표창장을 수여하였으며, 공직이 우수한 분들은 청와대와 각 부처에 표창을 상신하였습니다.

- 직책은 표창 당시 기준으로 표기하였기에 현재와 차이가 있을 수 있습니다.

- 수상자 명단이 화재로 손실되어 누락된 분이 계시면 연락을 주세요. 또한 수정할 내용이 있으신 분은 본 회로 연락을 주시면 수정해 드리겠습니다.

3부 요인 및 국무위원

고 건 국무총리
권재진 법무부장관
김관진 국방부장관
김성호 법무부장관
김진표 경제부총리
김태호 국회의원
김화중 보건복지부장관
김회재 국회의원
문희상 국회의장
박관용 국회의장
박성중 국회의원
박영선 새정치연합 비대위원장
서정숙 국회의원
소병훈 국회의원
손인춘 국회의원
안상수 전 국회의원
오 명 과학기술부장관
유인촌 문화체육부장관
이규희 국회의원
이낙연 국무총리
이명박 대통령
이언주 국회의원
이용빈 대한민국국회 국회의원
이재오 국회의원
이종남 감사원장
이주영 해양수산부장관
이창동 문화관광부장관
임채정 국회의장
장승우 해양수산부장관
정두언 국회의원
조경태 국회의원
조영길 국방부장관
진대제 법무부장관
천정배 법무부장관
홍미영 국회의원

법조계

곽용섭 서울남부지방법원 판사
김관재 광주지방법원장
김영기 광주지방법원 판사
김재진 청주지방법원장
김준규 검찰총장
문효남 대구고검 차장
서영재 대전 고검장
송광수 검찰총장
안대희 부산고검 검사장
이용석 인천지방법원 과장
이용훈 대법원장
이태환 의정부지검 고양지청 검사
정상명 검찰총장
정승원 서울남부지청
최운식 한국법무보호복지재단 이사장
최정열 인천지방법원 판사

종교계

권태진 군포제일교회 담임목사
김덕수 선원사 원광 스님
김도진 가나안교회 목사
김상곤 드롭인센타 목사
김선태 천주교 삽교성당 주임신부
김수환 추기경
김순섭 영광 반석교회 목사
김순희 목사
김승수 목사
김정수 목사
김현재 대한불교 황룡사 주지스님
나용화 종교뉴스 발행인 대종사
도 법 실상사 주지스님
무 각 한국 불교 정토종 스님
박현수 바다의 목사
법 화 대한불교 조계종 총무원장
이승원 목사
이정춘 대한민국경찰복음화협회 회장
임명희 광야교회 목사
정 엄 정각사 주지스님
정영교 산본양문교회 담임목사
천혜인 대한불교 보문종 스님
최일도 다일 복지재단 목사
태 암 극락암 주지스님
하귀호 전 GMS 이사장, 전 인천시조찬기도회 회장
한인섭 서울 중교회 담임목사
허기복 원주 밥상공동체 목사
혜 인 혜수암 스님
홍창진 별양동 성당 신부
황용모 삼일교회 담임목사

광역단체장

강운태 광주광역시장
김두관 경남도지사
김문수 경기도지사
김범일 대구광역시장
김완주 전북지사
김영록 전라남도지사
박준영 전남지사
손학규 경기지사
양승조 전 충남도지사
오세훈 서울특별시장
우근민 제주지사
이시종 충북지사
조억동 전 3선 광주시장
최문순 강원지사
허남식 부산광역시장

행정공무원

강호갑 남양주시청 과장
고길호 신안군수
김경식 목포시청 수도과
김광철 사무관
김동준 경남마산시청 계장

김선규 서울 중랑구 면목1동장
김성제 의왕시장
김수영 영천구청장
김수희 신안군청 계장
김연주 제주도 보건환경연구원 과장
김영민
김윤환 안산시청
김정애 담양군청
김진원 순천시 주암면장
김철주 전남 무안군수
김탁연 용인시청 팀장
김태선 순청시청
김홍남 전남 도로관리사업소장
나무석 광주광역시 부시장
문영윤 신안군 종합민원실 계장
민경호 안양시청 국장
박금산 전남 무안군 몽탄면장
박영조 동장
박은성 무안 종합사회복지관장
박종원 신안군청 건설관리 과장
박주원 안산시장
박준식 광주시 남구청
박현주 양천구청 주임
서정설 인천 서부경찰서 진압대장
서찬교 성북구청장
성병우 전남 도로관리사업소
송영길 신안군 부군수
신정훈 나주시장
신희범 양산시 부시장
안병호 전남 함평군수

양기대 광명시장
양복완 전남 관광문화국장
양석주 강서구청 과장
염종국 강서구청 주임
오봉환 영등포구 신길7동장
오성환 금천구청 주임
오재학 부산지방병무청
오진구 대전지방병무청
원경희 여주시장
원억희 의왕시청 과장
유영준 영등포구 1동 팀장
유춘자 순천시 계장
이경선 전라북도청
이권재 오산시장
이규석 화성시 동부 파출소장
이기수 여주군수
이기환 소방방재청장
이미숙 양천구청 주임
이민근 안산시장
이삼용 마산시청 과장
이선우 보건소
이 성 구로구청장
이성숙 강서구청 팀장
이승례 광주시 북구청
이완섭 시장
이정규 영등포구청 팀장
이정은 강서구청 주무관
이지연 안산시 단원구청
이채욱 강서우체국장
이철환 당진시장

이필운 안양시장
이호연 강남구청 주임
임길선 안상시청 기획담당관
임상희 김포시 교촌읍장
임수희 신안군청 계장
임향순 전 광주국세청장
임효길 안산시 선부3동
전동평 영암군수
전영재 무안군 부군수
정남수 무안군청
정병관 여주시청 계장
정부선 무안군청
정상준 수원시청
정영숙 강서구청 국장
정하수 무안군청 과장
제타룡 서울 도시철도 사장
지병구 안산시 단원구 선부3통장
진상열 무안군청 과장
진우영 안산시 단원구청
천준영 신안군청 도시개발 과장
최병덕 안산시 단원구청 과장
최영호 광주 남구청장
최창식 서울 중구청장
최충임 전북 완주군수
최형식 담양군수
추재엽 양천구청장
표옥정 광명시 보건소 과장
한인수 서울 금천구청장
한종근 강서구 화곡1동장
허남석 곡성군수
홍영민 함평군 부군수
홍인식 화성군수
홍환경 안산시 단원구 선부3동장
황경순 남양주시청
황성주 신안군 압해읍 계장
황철곤 마산시장

경 찰

강희락 경찰청장
곽광희 전남 광양경찰서 경장
구재성 제주 서귀포 경찰서 과장
권동욱 해양 경찰청장
권수관 서울 강서경찰서 청문감사관
권영섭 성남 중부경찰서장
권 철 서울 남부경찰서 순경
권종진 경감
김강자 경찰청 총경
김광식 서울 동대문경찰서 경위
김대봉 충남 천안경찰서 경위
김동민 영등포경찰서 외사계장
김두만 전남 나주경찰서장
김문홍 목포해양경찰서 서장
김백섭 서울경찰청 경사
김석균 해양경찰청장
김수현 서해지방해양경찰서장
김영길 영등포경찰서 경장
김영화 의정부경찰서장
김용갑 경기 광주경찰서 경장

김용주 대구 북구경찰서 과장
김응춘 서울 양천경찰서
김정섭 진도경찰서장
김종호 경기 구리경찰서 경감
김태기 경기지방경찰청 경위
나계수 양천경찰서 경무과장
나성수 서울 남부경찰서 과장
남형수 서울 남부경찰서장
명종식 화성경찰서 형사팀장
박명규 광주경찰서 경위
박상걸 광주경찰서 경사
박재춘 의왕경찰서 경위
박종락 수원경찰서 경위
박종역 마산중부경찰서
박종위 서울 강서경찰서장
박종찬 화성경찰서 형사계장
박준선 목포경찰서 형사계장
서광열 서해지방해양경찰청
서무열 목포경찰서 팀장
성동민 서울 강서경찰서장
신정윤 서울 서초경찰서
안재경 전남 경찰청장
양종연 영암경찰서장
여의필 마산중부경찰서장
염홍철 함평경찰서 서부파출소장
오문교 경무관
유홍철 서울 강서경찰서 경위
윤주열 서울 남부경찰서 경위
윤현희 서울경찰청 경장
이강덕 해양경찰청장
이강원 안산 단원경찰서 파출소장
이건수 남양주경찰서 민원실장
이경숙 서울 동작경찰서 경장
이국진 완도해양경찰서 경위
이근표 서울경찰청장
이기묵 서울경찰청장
이배윤 수원서부경찰서 과장
이병춘 서울경찰청 경감
이상구 광주 북부서 건국지구대 경위
이원재 경기경찰청 총경
이정윤 남양주경찰서 총경
이철기 경기경찰청 경사
이택순 경찰청장
이하배 경찰청 경감
임성열 무안경찰서 경위
임성택 완도해양경찰서장
임종석 경찰청 총무과 경정
임형만 함평경찰서 읍내파출소 경위
장영권 서울경찰청 경사
정갑철 충북 음성경찰서 경장
정강록 경찰청 경정
정광영 군포경찰서 경감
정민진 서울 강서경찰서 경무계장
정성록 전남 경찰기동대장
정순도 전남경찰청장
정용선 충남경찰청장
정재남 총경
조현오 경찰청장
조희련 군포경찰서장
채홍정 경기 구리경찰서 경장

천재호 마산경찰서 경위
최기문 경찰청장
최성규 서울 구로경찰서 경위
최용갑 광주경찰서 경사
최원태 경찰청 총무과장
최정기 서울 남대문경찰서
한진호 서울경찰청장
홍영기 서울경찰청장
홍태옥 강원 태백경찰서장

교육계

공문필 덕수초등학교 교장
구명화 서울 화곡초등학교 교사
김기영 한얼초등학교 교장
김대중 전라남도교육청 교육감
김동선 경북대학교 교수
김용길 수리고등학교 교장
김용택 마산합포고등학교 교사
김태수 동의대학교 교수
김필배 영암 교육지원청 지원계장
나대수 영암 교육지원청 교육장
남효덕 경남대학교 교수
노한나 서울 상암초등학교 교사
류관숙 군포 의왕교육지원청 장학사
박덕은 전 전남대 교수
박위열 나사렛대학교 총장
배지현 성경대학 교수
설동호 대전광역시 교육감
송명수 전 안산부곡초등학교 교장
송영수 초림초등학교 교사
오연성 중앙대학교 교수
오재길 원일중학교 교감
우동하 경북 영주 봉천초등학교 교사
유미자 경희대학교 교수
유정미 가나 신학대학교 부학장
윤용한 부곡중앙초등학교 교장
이길여 경원대학교 총장
이상필 청주여자고등학교 교장
이윤정 안양초등학교 교사
이재길 원일중학교 교감
이정애 갈뫼중학교 교장
이춘호 나주시 세지중학교 교장
이현구 총장
이현근 안양초등학교 교장
이화랑 국제문화CT대학교 총장
임광표 광덕고등학교 교장
임종호 이학박사 · 시인
정성구 전 총신대 총장
장세창 전 궁내초등학교 교장
장제국 동서대학교 교수
장홍운 군포의왕교육지원청 주무관
장효덕 영남대학교 교수
정의채 서강대학교 석좌교수
조순희 송파초등학교 교사
조윤정 안양초등학교 교사
차상정 의정부 용현초등학교 교장
한상익 흥진고 교장
홍민자 서울 우장초등학교 교사

황춘진 인제대학교 교수

군 인

김진관 국방부장관
김대욱 102기계화보병 대대장
김장태 부대장 소령
백군기 장군
백만선 계룡대 상사
서정학 계룡대 대령
오병요 주임원사
이원문 육군 제3878부대장
이윤규 군단작전참모 대령
이재순 장군
조영길 국방부장관
정지용 공군91항공시설전대 상사
최동욱 미2사단 경비대장
최철환 계룡대 중령
황 연 미2사단 경비대 서부지구대장

지방의회

권오연 의원
김대영 금천구의회 의장
김미숙 경기도의회 의원
김병주 신안군의회 비서실장
김선화 의원
김성수 의원
김영구 신안군의회 사무과장
김영균 LA시 주민의회 3선 의원
김재무 전남도의회 의장
김혜경 경기 가평군 의원
국중현 경기도의회 의원
나광현 동대문구의회 의원
문차복 목포시의회 의장
박근철 경기도의회 더불어민주당 대표
박정옥 안양시의회 부의장
배철호 고양시의회 의장
서동욱 전라남도의회 의장
서종길 전 경남도의회 의원
서현옥 의원
신인배 의원
심광식 의장
양영모 의장
오광교 광주시 서구의회 의장
원옥희 경기도의회 의원
이규희 국회의원
이동진 의장
이순석 신안군의회 의원
이용준 김포시의회 의장
이용호 김포시의회 의장
이재영 의원
이채명 안양시의회 의원
이환설 의장
이희재 군포시의회 의원
임태성 목포시의회 의원
전경숙 의왕시의회 의원
전광호 신안군의회 의원

전일권 신안군의회 사무계장
정광호 의원
정길주 의왕시의회 의원
정덕남 안양시의회 의원
정순영 광주시 북구의회 의원
정완기 안양시의회 의원
조경태 국회의원
조광희 경기도의회 의원
조영훈 신안군의회 의원
지미현 경기도의원
최성은 신안군의회 사무과 주무관
최순옥 신안군의회 부의장
최우규 경기도의회 예결위원장
최종현 경기도의원
최춘옥 부의장
한숙경 전남도의원
황순남 계양구부의장
허강숙 의원

언론 · 문화 · 방송계

강성덕 환경시사일보 편집국장
강유주 트로트 가수
고덕진 환경시사일보 사장
고희범 한겨레신문 사장
곽다혜 장구와&딱플예술단 원장
국종현 경기헤럴드 이사
권중식 대한경찰신문 발행인
김근곤 대한검경신문 상임부회장
김대은 합창단 단장
김동권 기자협 회장
김명자 (주)시사코리아뉴스 부회장
김병건 가수
김병조 불교방송 앵커
김봉곤 청학동 훈장
김상희 국민가수
김정국 문화일보 사장
김정환 회장
김주연 효녀가수
김천식 경기헤럴드 상임고문
김청록 범죄예방신문 발행인
김태연 미스트롯 가수
김태현 트로트가수
김형대 전)KBS 피디, 다큐감독
문경수 경찰일보 발행인
문기주 ㈜크로앙스 일간경기 회장, 후원회장
문선미 트로트 가수
문연주 트로트 가수
박광영 내외환경뉴스 발행인
박광호 한국경찰신문 발행인
박귀봉 환경일보 부장
박양주 전광일보 발행인
박윤미 강서양천신문 기자
박정현 (주)미디어뷰 대표
박해준 채널 경기방송 대표
방상훈 조선일보 사장
방일수 코메디언 방송인
백종찬 TOP 한국방송 기자
서광기 세계일보 사장

서수남 가수
송도균 SBS 방송국 사장
송문균 강서양천신문 발행인
송 해 국민 사회자
신민정 선데이뉴스 발행인
신상석 한국일보 사장
신연석 경인매일 발행인
안희범 회장
양예림 가수
엄용수 방송코미디협회장
오혜교 안양시 교차로
유수경 안무단장
유수현 가수
윤형주 방송인
은 정 미스트롯 가수
이관도 원음방송국 사장
이긍희 MBC 방송국 사장
이대박 예술인
이명기 ㈜시사코리아뉴스 편집위원
이상용 코메디언
이숭수 안양시민주포럼 대표
이시하 한국음악저작권협회 이사
이종무 대한경찰신문 이사
이주호 가수
이학성 민주신문 편집국장
이항재 국민법률신문 발행인
이형신 우리일보 국장
임종호 경기헤럴드 대표이사
장계현 가수
정상규 회장
정연주 KBS 방송국 사장
정 은 예술인
정진태 스포츠골프신문 부사장
조성원 전광투데이신문사 국장
조용상 경향신문 사장
최석우 한국경찰문화신문사 발행인
최수식 화가
최왕식 굿뉴스피플 대표
홍석현 중앙일보 회장
홍승기 불교방송국 사장
황 준 예술인

법무부

김민희 청주교도소장
김영균 대구교도소 교육교회 과장
박수호 서울교도소 과장
손행용 서울교도소 과장
송방식 여주교도소 소장
안희룡 원주교도소 소장
양봉태 법무부 교정국장
이동환 안양소년원 원장

소방안전

서정설 인천서부소방서 진압대장
심평강 경기제2소방본부장
이기환 소방방제청장

가나다순 명단

가야복지관
강규호 사회봉사
강근선 미8군 군무원
강금순 남도전자 대표이사
강금실 법무부장관
강기언 주공전남지역본부 차장
강동일 민주평통 해남군 협의회장
강명구 국제통일마라톤 위원장
강명재 사회봉사
강미경 자원봉사
강민구 수원지법 성남지원 부장판사
강민숙 참솔어머니회 회장
강민우 서울 그레이스 치과 원장
강병학 (재)한양문화재연구원 이사장
강봉석 (사)경기원로회 사무국장
강상식 전 교장
강상재 사회봉사
강석무 ALFTV 우리 방송국장
강석재 아시아 문화 경제진흥원 회장
강성덕 환경시사일보 편집국장
강성만 사회봉사
강성봉 환경감시중앙본부 총재
강성완 효자
강성현 사회봉사
강수연 자영업
강수진 인쇄업
강순미 사회봉사
강순영 기관사
강순옥 한국전통민요협회 안양시 지부장
강신영 청송의 어머니 화가
강영군 상일리베가구 대표
강영삼 농업
강운철 사회봉사
강운태 광주광역시장
강원민 사진작가
강원삼 예술가
강원일 사회봉사
강원필 사랑의장기기증운동본부
강유주 트로트 가수
강재원 사회봉사
강정순 목사
강진원 전남 순천시 주암면장
강창식 사회봉사
강춘기 사회봉사
강현숙 봉사자
강형구 서양화가
강형자 사회봉사
강호갑 남양주시청 과장
강홍구 일파문구 대표
강희락 경찰청장
강희순 본회 수원지회 사무국장
강희철 사회봉사
고 건 국무총리
고광수 사회봉사
고금선 신월5동 새마을 부녀회장
고기영 사회봉사

고덕진 환경시사일보 사장
고동욱 한국우량제품진흥협회 회장
고복심 사회봉사
고석찬 사회봉사
고성재 한컴기획 대표
고영문 회사원
고영주 사회봉사
고영호 자영업
고재학 예술인
고재호 세계손중산기금총회 집행주석
고정기 사회봉사
고종덕 용역회사
고주심 늘사랑봉사회 총무부장
고진석 사)국제미용가연합회장
고창열 사회봉사
고창준 자원봉사
고창준 건축사
고창준 자영업
고천식 소설가
고춘우 한사랑식품 대표
고현용 사회봉사
고화수 사회봉사, 건축업
고희범 한겨레신문 사장
공문필 덕소고등학교 전 교장
공서영 경기헤럴드 장학회 회장
공성한 사회봉사
공승철 시인
공재웅 (사)안양시 가장방문봉사단 대표
공준영 사회봉사
곽광희 전남 광양경찰서 경장
곽다혜 장구와&딱플예술단 원장
곽명신 준학생복 안양지점 대표
곽상만 은행
곽선민 사회봉사
곽영수 자영업
곽용섭 서울남부지방법원 판사
곽의신 J & S3HTUS
곽장근 경기도 수원시 운불련 회장
곽태섭 본회 수원시지회 지회장
곽태식 베트남 참전 유공자
구교연 학생
구루터기인천남동봉사단
구명화 화곡초등학교 교사
구상용 사회봉사
구인촌 사회봉사
구자천 사회봉사
구자화 행복한 사과나무 자문위원회
구재성 제주 서귀포경찰서 과장
구현민 사회봉사
국민건강보험공단 인천 남부지사
국종현 경기헤럴드 이사
권갑규 사회봉사
권금산 사랑의장기기증운동본부
권대현 자영업
권동옥 해양경찰청장
권상우 사회봉사
권수관 강서경찰서 청문감사실 경위
권수진 교사
권수현 언론인
권순평 사회봉사

권양숙 대통령 영부인
권영문 어절시구민요단
권영섭 성남중부경찰서장
권영수 참사랑봉사회장
권영자 세계난민복지재단 회장
권오영 사회봉사
권용숙 사회봉사
권용현 사회봉사
권재영 의료기 사업
권재진 서울북부지검장, 법무부장관
권재현 자영업
권재환 사회봉사
권재훈 사회봉사
권종수 약국
권중대 사회봉사
권중철 사회봉사
권중환 (주)탑건설 대표
권진연 자영업
권창길 온누리환경
권 철 남부경찰서 순경
권청순 사회봉사
권태균 (주)토성에프시
권태연 본회 자문위원
권태진 군포제일교회 담임목사
권태창 공기업
권혁조 본회 안산지회장
권혜상 강남대학교 학생
권혜준 명지대학교 학생
권호상 사회봉사
그린장례예식장(주)
금기오 자영업
금동영 사회봉사
금동창 군포시 노인복지관 관장
금상숙 사회봉사
금용섭 사회봉사
기길운 안양시 청소년 재단 대표이사
김갑용 사회봉사
김갑태 사회봉사
김강자 경찰청 여성청소년과장
김경복 사회봉사
김경상 사회봉사, 출판업
김경수 사회봉사
김경순 양천구 신월5동
김경식 목포시청 수도시설과
김경인 문구업
김경태 화원
김경화 사회봉사
김경환 사회봉사
김계순 자영업
김공주 해피종합상사 대표
김관서 사회봉사
김관수 이엔디(주) 대표
김관재 광주지방법원장
김관중 삼한요양원 원장
김관진 국방부 장관
김광곤 이웃사랑후원회 사무총장
김광문 예술인
김광식 서울 양천구의회 의장
김광식 동대문 경찰서 경위
김광옥 사회봉사

김광일 광일주택 대표
김광주 예술인
김광철 사회봉사
김광태 건축업
김광현 우광기업 대표
김광현 사회봉사
김광호 수원시 중부모범택시 회장
김광희 가수
김구식 기관사
김국헌 사회봉사
김귀순 세무법인 부민 대표
김규상 사회봉사
김근곤 대한검경신문 상임부회장
김근묵 성심양로원 원장
김근삼 사회봉사, 회사원
김근우 사회봉사
김근환 수리청소년 문학대전 추진위원회 대회장
김금순 중원파풍물단원
김금자 어절시구민요단
김금진 목포역무원
김기남 농업
김기수 사회봉사
김기영 한얼초등학교장
김기인 세무사
김기찬 사회봉사
김기철 자영업
김기혜 수선화의집 원장
김길상 사회봉사
김길윤 사회봉사 예술인
김길환 도술원 대표

김남석 자영업
김남영 법무사
김남천 사회봉사
김대권 삼영엠아이텍 대표이사
김대봉 천안경찰서 광덕풍세파출소장
김대영 금천구의회 의장
김대욱 102기계화보병 대대장
김대은 합창단단장
김대중 전라남도교육청 교육감
김대환 드림레포츠 대표이사
김덕상 사회봉사
김덕성 건축업
김덕수 대양충전소 회장
김덕수 선원사 원광 스님
김덕순 대한검경신문 취재본부장
김덕자 보험설계사
김덕재 자영업
김덕철 사회봉사
김도수 사회봉사
김도식 전도사
김도진 가나안교회 목사
김도현 어업
김도희 김도희쭈삼이네 대표
김동국 사회봉사
김동권 기자협 회장
김동균 경찰관
김동민 영등포경찰서 외사계장
김동상 사회봉사
김동선 경북대학교 교수
김동수 사회봉사

김동암 목4동 주민자치센터의원회
김동영 사회봉사 자영업
김동우 사회봉사
김동욱 자원봉사
김동준 이웃사랑봉사단 회원
김동준 마산시청 주택계장
김동준 동해물산 회장
김동창 사회봉사
김동한 자영업
김동현 사회봉사
김동현 용호고 1학년
김두관 경상남도지사
김두만 전남 나주경찰서 서장
김만근 미용업
김만섭 사회봉사
김민영 약사
김명교 사회봉사
김명균 사회봉사
김명기 사회봉사
김명수 양천구 목2동 새마을지도자협의회 회장
김명숙 보험설계사
김명일 사)힐링한방의료재단 이사장
김명자 사회봉사
김명자 (주)시사코리아뉴스 부회장
김명진 사회봉사
김명현 사회봉사
김명환 경찰공무원
김문근 사회봉사
김문수 경기도지사
김문자 경로당 5년 식사 봉사
김문태 약국 운영
김미숙 경기도의회 의원
김미연 남양주시 여성단체협의회장
김미영 (사)국제미용가 부회장
김민영 광명이웃사랑후원회 부회장
김민정 사랑과봉사중앙회 학생회장
김민진 (사)한국환경장애연합회 광산지회장
김민희 청송교도소 소장
김백설 서울경찰청 경사
김현일 대구광역시장
김병진 수원시 해병대전우회 경기대회
김병건 가수 (본회 홍보대사)
김병구 사회봉사자
김병기 나주역장
김병열 컨설팅
김병우 사회봉사
김병조 불교방송국 앵커
김병호 건축업
김병환 사회봉사
김복선 사회봉사
김봉곤 청학동 훈장
김봉구 사회봉사, 자영업
김봉삼 사회봉사
김봉식 안산시 문화원 원장
김봉애 장유요리전문학원
김봉열 사회봉사
김봉우 용역회사
김봉태 사회봉사
김부원 사회봉사
김부자 기자

김삼례 사회봉사
김삼연 도동통아주할매집
김삼호 사진작가
김상구 사회봉사
김상기 건축기사
김상기 부영산업개발(주) 대표
김상민 사회봉사
김상민 양천구 자율방범대
김상석 사회봉사
김상우 자영업
김상재 사회봉사
김상주 사회봉사
김상찬 사회봉사
김상철 사회봉사, 자영업
김상훈 영광군 한농연 회장
김상희 사회봉사
김상희 국민가수
김석균 전남 완도해양경찰서장
김석수 사회봉사
김석용 은행원
김석화 사회봉사
김석희 베트남참전유공전우회 여주지회
김선경 ㈜지엘바이오코스메틱 회장
김선관 사회봉사
김선덕 한국마사회 광주 지점장
김선숙 중국국제중산그룹 이사
김선숙 한우리봉사단 고문
김선숙 법무사
김선영 이웃사랑봉사단
김선옥 위도 해양경찰 등대 관리 위원장
김선우 덕은기업 부장
김선재 사회봉사
김선주 어린이재단 총무이사
김선태 천주교 대전교구 삽교성당 주임신부
김선태 실로암안과병원 원장
김성경 광주 월산새마을금고 이사
김성국 사회봉사
김성규 중랑구 면동1동 동장
김성기 기관사
김성길 식당업 김성오 회사원
김성용 황용건설㈜ 대표이사
김성일 사회봉사
김성제 경기도 의왕시 시장
김성주 바르게살기운동협회장
김성태 사랑의장기기증운동본부
김성현 사회봉사
김성호 법무부장관
김성환 굿뉴스피플 편집국장
김성훈 공증사무소
김세천 사회봉사
김소당 사)좋은이웃중앙회장
김소영 일본 TSM 음악대학 KPOP음악학과 초빙 교수
김수경 사회봉사
김수명 사회봉사
김수산 궁림요업 대표
김수석 사회봉사, 건축업
김수성 사회봉사
김수영 양천구청장
김수영 은행
김수용 사회봉사

김수일 사회봉사, 자영업
김수창 사회봉사
김수환 추기경
김수희 전남 신안군청 계장
김순례 좋은친구들 사무총장
김순섭 영광 염산반석교회 담임목사
김순애 대한경찰신문 총무이사
김순옥 옥동 A 9단지 어머니회 총무
김순자 문화센터 가야금 강사
김순진 사회봉사
김순철 녹색강서 환경감시단 단장
김순희 경찰청 경위
김승동 의사 김승래 회사대표
김승수 주바라라리 복지원장
김승식 사회봉사
김승창 어업
김승철 사회봉사
김승혁 사회봉사
김승현 사회봉사
김승호 사회봉사
김시섭 (주)엘씨 대표
김애란 사회봉사
김양옥 가족사랑교육원 원장
김양원 신망애복지재단 대표이사
김양하 동양생명보험(주) 안양지점장
김애비 사회봉사
김여현 ㈜정우개발.주택 대표이사
김연수 삼성화재
김연숙 가수
김연아 행복한 사과나무 사무국장

김연일 사회봉사
김 준 요리사
김영강 수협
김영곤 (사)일류국가를 창조하는 국민의힘 노인복지위원장
김영구 공기업
김영균 대구교도소 교육교화 과장
김영균 LA시 주민의회 3선 의원
김영기 광주지방법원 판사
김영길 요식업
김영길 영등포경찰서 경정
김영길 여주 도예명장 2호
김영남 회사원
김영대 (주)에버플러스 대표이사
김영덕 옥돌집 대표
김영록 전라남도지사
김영만 사회봉사 옥돌집 대표
김영미 수리청소년문학대전 추진위원
김영삼 사회봉사
김영상 사회봉사
김영생 석성형크리닉 원장
김영선 사회봉사
김영성 중원파충물
김영세 패션여자디자이너
김영송 도서판매
김영수 사회봉사
김영숙 양천노인복지관 봉사자
김영순 자영업
김영식 (주)클로버관광여행사 대표이사
김영옥 사회봉사
김영욱 사랑의장기기증운동본부

김영일 사회봉사
김영자 주부
김영주 제주도보건환경연구원 과장
김영중 인쇄
김영철 목 조각가
김영충 우체국
김영태 자원봉사 김영혜 사회봉사
김영태 서우종합건설 공동대표
김영호 사회봉사
김영화 자영업
김영화 의정부경찰서 서장
김영희 한국총신 화곡지사 과장
김오영 일월문화봉사회
김옥완 (주)에버플러스
김옥자 동행의 릴레이 이사
김완주 전라북도지사
김요채 한국사계절환경신문 수석부회장
김용갑 경기 광주경찰서 경사
김용길 전 수리고 교장
김용대 자영업
김용란 관세법인 광장대표 관세사
김용민 자원봉사
김용배 환경운동연합 지회장
김용배 SG 바이오식품(주) 대표
김용숙 사회봉사
김용욱 사회봉사
김용주 대구 북구경찰서 경비과장 경정
김용채 민주평통자문회 광산구협의회장
김용철 원웨이
김용철 사회봉사
김용철 군포호남향우회 전 회장
김용택 마산합포고등학교 교사
김용하 사회봉사
김용한 사회봉사
김용현 원웨이 뚜엣오선희
김용호 사회봉사
김우선 사회봉사
김우식 자원봉사자
김운철 동화실업 부장
김원공 본회 수원시지회 사무국장
김원기 열린봉사단 회장
김원석 사회봉사
김원영 판매업
김유명 사회봉사
김윤상 사회봉사
김윤석 사회봉사, 제조업
김윤섭 연합지회 회장
김윤욱 대성상사
김윤정 중대용산병원 간호사
김윤중 삼원기업 대표이사
김윤환 안성시청 사회복지과장 애인복지담당
김은미 사회봉사
김은식 WMC 월드, 다문화방송 상무이사
김은실 주)삼정물산 대표이사
김은지 광주도시공사
김은필 인제군지회 기린면 분회장
김응춘 양천경찰서
김익선 사회봉사
김인덕 재경 전남광주향우회 사무총장
김인선 아낌없이 주는 나무 총무

김인선 보험업
김인선 어린이재단
김인재 사회봉사
김인희 개미식당 대표
김일동 광주광역시 본부장
김일영 사회봉사
김장래 부대장. 소령
김장훈 사회봉사
김재강 자영업
김재국 사회봉사
김재순 한국희망연맹 회원
김재영 사회봉사
김재완 흙과 나무 디자인그룹
김재왕 디자이너
김재진 청주지방법원 원장
김재호 (사)한국청소년육성연맹 이사장
김점동 백련사 법사스님
김점예 노인취미클럽 위원
김정국 문화일보 사장
김정상 사회봉사
김정식 (주)행복산업개발
김정섭 진도경찰서장
김정애 전남 담양군청
김정애 사회봉사
김정예 노인취미클럽위원
김정일 사회봉사
김정자 헤어미용 강사
김정진 사회봉사
김정태 화원
김정헌 장로
김정현 사회봉사
김정환 내외환경뉴스 충남 본부장
김정환 대한검경신문 발행인
김정훈 사회봉사
김정희 보험업
김종근 (주)상록물류센터 대표이사
김종기 사회봉사
김종길 강사
김종문 전 군포시청 공무원
김종백 한국신지식인협회 회장
김종빈 두비건축 대표
김종상 사회봉사
김종선 신세계백화점 팀장
김종수 연예인봉사단 회장
김종수 범산서예학원 원장
김종숙 곰두리자원봉사연합 대표(본회 홍보대사)
김종숙 매강 갤러리 대표
김종식 봉사자
김종식 사)마산,함안.의령법죄피해지원센터 사무처장
김종열 세무사
김종영 사회봉사
김종영 유플러스치과 대표원장
김종우 화원
김종원 자원봉사
김종원 자영업
김종인 공무원
김종일 한국건설안전환경 실천연합회장
김종진 자영업
김종철 사회봉사
김종현 사회봉사

김종호 경기 구리경찰서 경감
김종호 (사)한국바디케이협회 국장
김종환 사회봉사
김주상 사회봉사
김주연 이웃사랑후원회 재무
김주연 효녀가수
김주연 주부
김준규 대검찰총장
김준영 사회봉사
김준태 안산시 자율방범대
김준필 북촌 삼대갈비 대표
김준환 농업
김중경 사회봉사
김중석 아낌없이 주는 나무
김중성 한전
김중필 사랑과 봉사회 부회장
김지선 사회봉사
김진걸 리멤버(한반도통일)위원회 대외사업협력위원장
김진만 사회봉사
김진미 이웃사랑후원회
김진범 사회봉사
김진석 사회봉사
김진선 코뿔소미술학원 원장
김진섭 (주)햇님 회장
김진수 사회봉사
김진순 장한어머니
김진순 다슬기식당 대표
김진영 사회봉사
김진표 재정경제 부총리, 국회의원
김진홍 두레교회 목사
김진환 대체의학신문 발행인
김찬균 사회봉사, 의류업
김찬수 사회봉사
김찬환 사회봉사
김창국 국가인권위원회 위원장
김창덕 (주)조이에너지 대표이사
김창섭 자원봉사
김창숙 수협
김창용 이웃사랑봉사단 이사
김천국 사회봉사
김천식 사회봉사
김천식 경기헤럴드 상임고문
김철운 체육관
김철환 작가
김청록 범죄예방신문 대표
김청록 자원봉사
김총장 사회봉사
김춘삼 사회봉사
김춘수 이웃사랑후원회 회장
김춘자 사회봉사자
김충경 전남 문화예술과 예술담당
김충석 안산 선부동새마을협의회 감사
김충원 사회봉사
김탁연 용인시청 팀장(본회 홍보대사)
김태근 한국유기농협회 광주 · 전남지부장
김태기 경기지방경찰청 경위
김태돈 (주)콜라 대표이사
김태미 서서갈비 대표
김태섭 서우종합건설 공동대표이사
김태성 순천시청

김태수 동의대학교 교수
김태식 사회봉사
김태연 산호우체국
김태연 전 어린이재단 경기남부후원회 고문
김태영 사회봉사
김태옥 화니조기체조회 강사
김태옥 목포시 의료원장
김태연 미스트롯 가수
김태일 베트남참전유공전우회 고문
김태현 사업가
김태현 트로트가수
김태호 (전)경상남도지사, 국회의원
김태환 사회봉사
김택상 사회봉사
김판동 전남 신안 안좌농협 전무
김필식 효행자
김하정 가수
김하정 사회봉사
김학선 한국수로낚시연맹 기획실장
김한기 사회봉사
김한성 사회봉사
김항중 밝은 빛 봉사단 대회협력이사
김행균 영등포역 열차운용 팀장
김행수 행수이발관 대표
김행숙 경신연합회
김향숙 이웃사랑봉사단
김향옥 (주)자연환경 대표회장
김혁대 도매업
김현기 은행
김현상 사회봉사
김현숙 자영업
김현식 궁내동주민자치위원장
김현일 사회봉사
김현제 대한불교조계종 황룡사 주지
김현진 사회봉사
김현철 유플러스치과 티지오 본부장
김형곤 들뫼코리아 회장
김형대 전)KBS 피디, 다큐감독
김형복 목포 해찬의료조합 이사장
김형상 예술인
김형석 사회봉사
김형숙 본회 자문위원
김형철 사회봉사
김형표 효주산업(주) 회장
김혜경 사회봉사
김혜란 (주)보고씨스택
김혜숙 동해물산 대표
김혜정 다일천사병원 원장
김호삼 약국 운영
김호상 사회봉사
김호임 장한어머니
김호택 삼남제약(주) 회장
김홍식 전 국제라이온스354B지구 지역 부총재
김홍용 본회 자문위원
김홍철 용역회사
김화명 군자봉군당 대표
김화중 보건복지부장관
김회재 국회의원
김훈서 사회봉사
김희만 100원회 회장

김희문 양천구 자원봉사자
김희숙 사회봉사
김희원 낙원양로원 총무
나계수 양천경찰서 경무과장
나광열 농협 조합장
나기수 대한교통 사장
나기임 새마을교통봉사대
나기임 사회봉사
나기화 국제물류 회장
나길수 신망장애재활원 원장
나길수 사회봉사
나남열 삼서건설(주)
나도선 한국여성노동자회 대표
나무석 광주광역시 부시장
나병운 철학원
나비남 멘토멘티단 단체
나상국 사회봉사
나성수 서울남부경찰서 과장
나옥연 사회봉사
나용화 종교뉴스 발행인
나화운 해운건설
남강철 사회봉사
남계문 본회고문
남기석 기관사
남기효 사회봉사
남봉한 공기업
남상복 사회봉사
남상업 법무법인 로뎀나무 대표변호사
남상의 이웃사랑봉사단 이사
남상현 한국공인중개사 군포시지회회장
남성우 시흥시 능곡 연합회장
남승수 전기업
남용덕 사진작가
남을성 사회봉사
남태우 세무사
남형수 남부경찰서 서장
남효덕 영남대학교 교수
노경원 (주)소명 대표이사
노경원 사회봉사
노명우 사회봉사
노명희 자원봉사
노병진 용역회사
노삼식 예술인
노상기 사회봉사
노상진 제조업
노순태 이웃사랑봉사단
노영준 MSTG 대표
노은숙 생각을 키우는 유치원 원장
노종성 변리사
노종영 사회봉사
노준형 고양외국어고 2학년
노철균 MBC 아카데미
노태상 사회봉사
노태휘 공기업
노한나 상암초등학교 교사
노한영 사회봉사
노현순 군포새마을금고 전무
도경진 관제사
도법실 상사 주지스님
도성수 차오름 원장

도성수 사회봉사
도승원 한국수로낚시연맹 실장
두상달 사)가정문화원 이사장
라기혁 홍익종합병원 원장
라성찬 목사
라석찬 종합병원 홍익병원 이사장
류관숙 군포의왕교육지원청 장학사
류기현 이웃사랑 후원회장
류민경 사회봉사
류영순 건축업
류영재 광고업
류윤기 공무원(3급) 기획단장
류재삼 산업재해협회 서울 회장
류정석 사회봉사
류현자 기획사
마광일 도자기
마드리 실내악단
마명진 자연밥상 대표
마상표 사회봉사
명기용 작가
명부식 한국수로낚시연맹 지부장
명종식 화성경찰서 형사팀장
모종기 전광일보 부장 장흥취재기자
모지웅 돋보쓰꼬 청소년센터 신부
목덕천 사회봉사
목성현 목각
목영덕 사회봉사
무각한 국불교정토종 스님
문경규 사회봉사
문경업 우리은행 종로4가 지점장

문 광 의왕시 해병전우회 전 회장
문기주 ㈜크로앙스 일간경기 회장, 후원회장
문대정 사회봉사
문만박 사회봉사
문만호 통신사
문병석 사회봉사
문병윤 경기 수원시 개인택시조합장
문상주 비타에듀그룹 회장
문선미 트로트 가수
문수동 자원봉사
문연주 트로트 가수
문영종 사회봉사
문재환 교수
문정현 신부
문종호 ㈜에코라인 대표이사, 대회장
문차복 목포시의회 의장
문한식 변호사
문형동 사회봉사
문효남 대구고검 차장
문희상 국회의원
민갑동 향토골 대표
민경한 전기공사
민문기 소설사
민병선 사회봉사
민상길 운동선수
민선영 사회봉사
민순단 회계사
민영상 사회봉사
민재봉 공기업
민창선 사회봉사

민창원 전도사
민형일 사회봉사
박경상 사회봉사
박경숙 세종종합사회복지관 운영위원
박경자 사회봉사
박경진 진흥문화사 회장
박경진 명산조경 대표
박관용 국회의장
박광근 노무사
박광석 사회봉사
박광영 내외환경뉴스 회장
박광용 사회봉사
박광원 사회봉사
박광준 사회봉사
박광천 전원요업(여주도예 명장 3호)
박광태 사회봉사
박광호 한국경찰신문 발행인
박권식 사회봉사
박권운 사회봉사
박권재 (사)한국장애인문화협회 이사장
박귀봉 환경일보 부장
박귀봉 사회봉사
박귀우 부성부동산컨설팅 대표
박규옥 이웃사랑후원회 총무이사
박규종 사회봉사
박근수 사랑과 봉사회 부회장
박근준 세무법인
박근철 경기도의회 더불어민주당 대표
박금순 선데이뉴스신문 문화부장
박금순 사회봉사
박금회 주부
박기철 목포시 자율방범대장
박기철 사회봉사
박남선 건국대학교 병원 원장
박남순 대한적십자 김포까치봉사회장
박남은 글로빌스 회장
박노현 (주)빗트젯 대표
박담기 삼희프라스틱 대표이사
박덕은 전 전남대 교수
박도식 범일운수 대표
박동목 사회봉사
박동수 사회봉사
박동진 아낌없이주는나무 회장
박동철 사회봉사
박동희 전광일보 서울본부장
박두상 사회봉사
박래현 회사원
박명규 광주광산경찰서 경위
박명근 선부경도당 회장
박명창 사회봉사
박명학 인쇄업
박무상 사회봉사, 식당
박무현 동국제강 포항공장 계장
박미경 사회봉사
박미선 온누리병원 간호사
박미선 사회봉사
박미애 우두버닝인두화
박미진 나래무용학원 원장
박민석 휘문고 3학년
박병상 청천재활의집 원장

박병선 순천세계수석박물관 관장
박병원 순천향대학교 교수 (서울병원 심장내과)
박병창 율창종합건설 대표
박복동 사회봉사
박복만 (주)동인환경 대표이사
박복진 사회봉사
박봉희 베트남참전유공전우회 여주지회 부회장
박삼수 사회봉사
박삼용 광주시 광산구 의원
박삼용 사회봉사
박삼중 사회봉사
박삼중 스님 전국교도소재소자교화후원회장
박상걸 광주광산경찰서 경사
박상걸 해피홈
박상걸 사회봉사
박상곤 드롭인센터 목사
박상규 화원
박상만 사회봉사
박상복 푸름기획 대표
박상용 본회 고문
박상용 한국토지비전개발(주) 회장
박상우 사회봉사
박상원 사회봉사
박상진 공예가(본회 홍보대사)
박상철 화가
박상환 (사)군포시장애인단체총연합회 회장
박상훈 사회봉사
박서희 해피홈 사무장상회
박석규 (사)21세기교육장학회 이사장
박석동 사회봉사

박석민 목포역장
박석상 약사
박석우 대한청소년 무술연맹 총재
박석우 사회봉사
박석호 사회봉사
박선기 사회봉사
박선애 글로리아 합주단 초대회장
박선일 사회봉사
박선자 양천구 신월 6동 12통
박선중 사회봉사
박선희 (사)국제미용가 수석부회장
박선희 해피홈 사무장
박성목 수원시 중부모범택시 회장
박성운 자영업 박성주 사회봉사
박성중 국회의원
박수균 (주)세미존 대표이사
박수한 사회봉사
박수호 법무부서울구치소
박순옥 자원봉사
박순옥 자원봉사
박승남 사회봉사
박승우 효행자
박승일 사회봉사
박양주 전광일보 발행인 회장
박연자 사회봉사
박연주 사회봉사
박연차 디자이너
박영득 생명나눔운동본부
박영석 사회봉사
박영선 인토문화연구소장

박영섭 한진약국 운영 대표
박영숙 수양부모협회장
박영주 산본치과의원 원장
박영찬 사회봉사
박영철 군자 새마을금고 이사장
박영태 사회봉사
박오자 장한어머니
박옥실 무안군녹색어머니연합회장
박완구 사회봉사
박완식 노원우체국 집배원
박완식 사회봉사
박용구 관악장애인종합복지관장
박용규 사랑나눔봉사
박용길 ㈜MB모터스 대표이사
박용석 사회봉사
박용선 시인
박용열 사회봉사
박용호 언론인
박우동 예술인
박우삼 사회봉사
박우주 전광일보 경정부장
박운병 (주)유한킨포크 대표이사
박운자 자영업
박원길 인쇄
박원상 사회봉사
박유복 관제사
박윤미 강서양천신문사 기자
박윤성 사회봉사
박은연 노무사
박은자 사회봉사
박은자 박은자 맛사랑 대표
박은혜 수원대학교 경영학과 4년
박의열 이웃사랑연예인 봉사회장
박일태 사회봉사
박재민 이웃사랑예술단 회장
박재선 사회봉사
박재용 사회봉사
박재원 공무원
박재춘 경기의왕경찰서 경위
박재환 사회봉사
박재훈 경기 의왕경찰서
박정기 국제로타리클럽 놀뫼로타리클럽회장
박정님 무안식당 대표
박정미 칭찬합시다운동중앙회 부장
박정미 삼성화재 지점장
박정민 사회봉사
박정숙 사회봉사
박정애 ㈜창성이엔지 대표이사
박정옥 안양시의회 부의장
박정자 신월2동 새마을부녀회장
박정자 사회봉사
박정채 여수전남장학회 이사장
박종갑 해남 산이농협 조합장
박종관 사회봉사
박종덕 마산중부경찰서
박종락 수원 화서경찰서 경위
박종만 화원
박종선 사회봉사
박종성 사업가
박종수 유아주식회사

박종영 조은지역 아동센터 대표
박종위 강서경찰서장
박종의 사회봉사
박종인 연예 예술인
박종인 사회봉사
박종학 농협 조합장
박종호 사회봉사
박종환 사회봉사
박주상 사회봉사
박주숙 이웃사랑봉사단 이사
박주숙 주부
박주원 경기 안산시장
박준선 목포경찰서 안화파출소장
박준식 광주남구청 보건행정과
박준영 전라남도 도지사
박준영 ㈜삼광 회장
박준호 진영노인재가복지센터 대표
박지영 사회봉사
박진만 용역회사 대표
박진영 사회봉사
박진효 신망애재활원 원장
박진효 사회봉사
박찬구 사회봉사
박찬성 사회봉사
박찬재 (주)임광아이앤씨 대표
박찬진 사회봉사
박창규 서울도시철도 과장
박천광 사회봉사
박천구 사회봉사
박철규 싸리골 대표
박추영 사회봉사
박춘배 수원시 해병대전우회
박춘화 신망에복지재단 원장
박태식 사회봉사
박태운 환경감사중앙본부 대표
박태현 이웃사랑후원회 회원
박태훈 환경감시중앙본부
박한성 사회봉사
박한수 사랑의장기기증운동본부
박해준 채널 경기방송 대표
박한신 사회봉사
박현기 장연 종합 건설(주) 이사)
박현미 사회봉사
박현상 사회봉사
박현수 다비다의집 목사
박현승 기관사
박현주 양천구청 주임
박현창 대한검경신문 총괄사무국장
박현철 운수업
박형선 사회봉사
박형우 사회봉사
박형진 대원고등학교
박홍경 사회봉사
박홍용 홍한약제분소
박홍일 건축업
박홍자 가수
박화종 (사)리멤버(한반도통일)
위원회 사무총장
박환기 시인
박효선 자원봉사

박효영 건축자재 운영
박효자 수예
박효주 목포시의료원 총무과장
방극성 변호사 방극성법률사무소
방상훈 조선일보 사장
방석근 이웃사랑예술단 회장
방석진 사회봉사
방승조 사회봉사
방영운 사회봉사
방일수 코메디언 방송인
방종찬 화성경찰서 형사계장
방지상 사회봉사
방효정 강원도 인제 문화원장
배갑제 효실천운동본부 회장
배 명 한국경찰일보
배명철 서울도시철도공사 총무팀장
배미숙 이웃사랑 후원회 이사
배미숙 사회봉사
배미희 보험업
배병옥 포천시 영중면 기업인협회장
배삼기 강사
배상태 사회봉사
배순례 봉사단 회장
배영식 봉사자
배은주 (주)금문산업 이사
배종현 현재개발 회장
배지현 성경대학 교수
배철호 고양시의회 의장
배현우 강사
배희숙 사회봉사

백강실 인터네셔널 성진 대표이사
백광열 서서갈비 대표
백교선 좋은날피에스타 대표
백권흠 서울의료원 후원회 상임고문
백권흠 사회봉사
백남선 건국대학교병원 원장
백남규 군포새마을금고 전 이사장
백남순 사회봉사
백남운 약국 운영
백남철 사회봉사
백만선 계룡대 상사
백상창 한국병리현상연구 소장
백성훈 사회봉사
백승철 사회봉사
백승희 사회봉사
백영만 사회봉사
백영순 자원봉사
백원동 사회봉사
백원택 사회봉사
백열나 사렛대 총장
백은숙 사회봉사
백인선 현대 두산인프라코어 직장
백종기 인제군원로회 사무국장
백종선 힐링펜션 대표
백학기 군포시농아인협회 회장
백현구 21세기연예공연프로덕션 대표 메니저
법 화 대한불교조계종 총무원장
변길영 사회봉사
변길자 사랑의장기기증운동본부 전도사
변병근 (사)한국예술인협회여주 연기분과

변용식 사회봉사
변용우 본회 자문위원장
변종하 사회봉사
복상수 사회봉사
봉두완 국민협의회운영위원회 위원장
부영창 사회봉사
사광기 세계일보 사장
사랑의 빨래 도움방(부천시 심곡동)
사랑의 소리 청주여자고등학교 인형극 봉사대
산티아고 수녀
서광열 서해지방해양경찰청 공업 주사
서광열 사회봉사
서교원 목포시의료원 총무과장
서남동 사랑의 밥차 대표
서동욱 전라남도의회 의장
서무열 목포경찰서 팀장(경위
서민영 사회봉사
서병수 이웃사랑 후원회 회원
서병수 회사원
서상현 행복한 사과나무
서성환 사회봉사
서수남 가수(본회 홍보대사)
서수용 사회봉사
서영제 대전고검검사장
서용우 희방신경정신과 원장
서재근 사회봉사
서재삼 사회봉사
서 정 사회봉사
서정설 인천 서부 소방서 진압대장
서정숙 국회의원
서정학 계룡대 대령
서정환 생활스포츠 대표
서종길 전 경남도의회 의원
서찬교 성북구청장
서창섭 사회봉사
서채수 전남 무안경찰서 보안과장
서철남 사회봉사
서태원 사회봉사
서현학 한밭대학교 산업경영공학과
선대현 대한성공회 여주교회 신부
선병규 (주)예스캅 대표
설동선 원자력문화 진흥회장
설동순 사회봉사
설영구 사회봉사
설원규 사회봉사
성경숙 밀알봉사단장
성기상 사회봉사
성기하 (사)국제미용가연합회장
성동민 서울강서경찰서장
성두식 설악추어탕 대표
성문백 사회봉사
성삼용 (사)평택한미우호협회 회장
성상중 사회봉사
성우제 (주)애드샵컴퍼니 대표
성융제 가바바이오 대표이사
성준경 강서구 생활체육회장
소병훈 국회의원
손경남 이웃사랑후원회
손경남 고흐아트 대표
손광우 사회봉사

손덕호 군포호남향우회 고문
손병도 교회 전도사
손병철 사회봉사
손영규 사회봉사
손영선 사회봉사
손영호 대성충전소 대표
손영호 사회봉사
손은주 자원봉사
손인수 사회봉사
손진영 사회봉사
손학규 전 경기도지사
손행용 법무부 서울구치소 과장
손홍님 자문위원
손홍식 사랑의장기기증운동본부
송공석 와토스코리아(주) 사장
송관진 자문위원
송광수 검찰총장
송광재 금강레미콘 대표
송금조 (주)태양사 회장
송기민 사진작가
송기상 사회봉사
송기숙 이웃사랑 후원회 부회장
송기태 군포시신체장애인협회장
송기태 사회봉사
송기태 (사)환경보호국민운동본부 총재
송도균 SBS 방송국 사장
송동석 평촌라이온스클럽 총무
송명수 전 안산부곡초등학교 교장
송문균 강서양천신문 대표
송미향 장애인 봉사
송민향 장애인 봉사
송방식 여주교도소장
송범철 조각가
송삼순 사회봉사
송선호 사회봉사
송성민 제조업
송연상 사회봉사
송영길 사회봉사
송영수 초림초등학교 교사
송영숙 사회봉사
송영식 기관사
송영일 사회봉사
송용순 (주)지이오환경 대표이사
송용순 사회봉사
송우강 사랑의장기기증운동본부
송우영 전광일보 순천총국장
송욱성 회사원의
송을섭 진흥엔시 대표이사
송인식 자영업
송일영 사회봉사
송재구 사진관
송정훈 동아씽크
송종근 자원봉사
송종효 (주)경안전력 대표
송진석 사진작가
송창식 사회봉사
송창현 약국 운영
송희규 정비업
송희영 금정초등학교 학부모회장
신관철 관악리더스로타리클럽 회장

신광일 제조업
신광진 사회봉사
신구천 사회봉사
신동렬 신동렬치과의원 원장
신동숙 사회봉사
신동일 공무원
신동성 하나님건강법연구원장
신명중 사회봉사
신민수 사회봉사
신민정 선데이뉴스 발행인
신상두 사회봉사
신상석 한국일보 사장
신상수 웨딩
신상수 이웃사랑 후원회 자문위원
신석재 사회봉사
신성공 사회봉사
신수정 온누리병원 간호사
신수정 사회봉사
신순영 사회봉사
신순환 기자
신순활 극장운영
신승천 사회봉사
신연석 전 경일매일 발행인 회장
신영섭 사회봉사
신영전 시인
신옥선 한국희망연맹
신용무 (주)노량진시장 삼풍낙지
신용섭 사회봉사
신원형 (주)우프라콤 대표
신원형 사회봉사
신월수 사회봉사
신유미 이웃사랑 봉사단 임원
신유정 수리라이온스 이사
신은식 수원시 해병대전우회 권선지역대
신일기 나라스틸 대표
신재원 사회봉사
신점순 주부
신정윤 서울 서초경찰서
신정훈 전남 나주시장
신종규 사회봉사
신종길 조각
신종삼 사회봉사
신종옥 효주산업(주) 대표
신종학 베트남참전유공전우회여주군 지회
신종학 사회봉사
신진섭 사회봉사
신창우 공기업
신철환 사회봉사
신태학 인제군 남면 지회장
신하유 사회봉사
신학원 사회봉사
신해성 남인수기념사업회장
신현삼 수원시 수원그린콜택시 회원
신현주 사회봉사
신희범 경남 양산시 부시장
실버치매성동노인도우미봉사단
심 견 한국ESG디지털농업협회 총재
심대순 사회봉사
심력환 경기도 수원시 새마을봉사대
심미경 사회봉사

심보라 아낌없이 주는 나무 회원
심보라 학생
심상돈 영등포 전화국
심석윤 아낌없이 주는 나무 회장
심소원 이데일리TV 아나운서
심연자 사회봉사
심영국 강사
심옥삼 사회봉사
심옥철 사회봉사
심은보 동행의 릴레이 이사
심의령 수원국도유지관리사무소
심의령 사회봉사
심재길 자원봉사
심재석 농업
심재철 자영업
심주원 사회봉사
심창일 제과점
심천수 사회봉사
심 청 사회봉사
심택진 산본새마을금고 이사
심평강 인천북부소방서장
심혁환 경기도 수원시 새마을봉사대회장
심현동 사랑의장기기증
심희보 도시철도 까치산역
안경수 자영업(제과)
안권상 이웃사랑 후원회
안금자 사회봉사
안금주 하나유치원 대표원장
안대희 부산고검검사장
안동선 사회봉사
안병용 사회봉사
안병환 지체장애 부천시 지회장
안병환 사회봉사
안부한 일공동평화교류협회장
안상덕 용역회사
안상수 전 국회의원
안상영 사회봉사
안성배 한국범죄 예방협회
안성준 (주)키스인터테인먼트 대표
안영식 한국수로낚시연맹 회장
안인석 음향감독(본회 홍보대사)
안재경 전남경찰청장
안재숙 약국 운영
안재용 사회봉사
안정규 군포시새마을협의회 회장
안종원 사회봉사
안종찬 자영업
안중원 사회적협동조합 문화창조기지 이사
안태하 VAVA MALL 대표
안형상 (사)한국외식창업교육원 이사장
안효녀 사회봉사
안희용 여주교도소장
양경용 제일산업개발 대표
양경일 한결제무회계사무소 대표
양광태 자영업
양기대 경기도 광명시 시장
양만석 제일건축 대표
양복완 전남 관광문화국장
양봉태 법무부 교정국장
양상열 사회봉사

양상철 사업가
양석주 사회봉사
양석주 강서구청 건설관리 과장
양석철 사업
양석훈 기획실
양성모 대한검경신문 편집국장
양성욱 사회봉사
양숙희 사회봉사, 자영업
양승조 전 충남도지사
양애란 사회봉사
양애숙 화장품
양영석 사회봉사
양영진 사회봉사
양예림 국악인 (본회 홍보대사)
양원상 사회봉사
양원식 국제피플투피플안양관악센터 회장
양원중 사회봉사
양윤정 목포제일교회 권사
양재석 (주)에버빔스 대표
양종열 전남 영암 경찰서장
양진수 봉사자
양평숙 현대공예작가 반야 공예작가
양한진 우리은행 동여의도지점
양홍섭 사회봉사
양회준 지원명리원 대표
어월자 (주)이너프 대표이사
엄덕수 국민고충처리원회 전문상담위원
엄상영 해피탯운동 이사, 목사
엄상현 사회봉사
엄용구 화원

엄희순 자원봉사
에릭닉슨 볼보건설기계 코리아 사장
여의필 마산중부경찰서장
염상준 사회봉사
염성경 사회봉사
염세협 어절시구민요단
엄용수 코메디언 방송인
염종국 강서구청
염호기 사회봉사
염호수 사회봉사
염홍철 대전광역시장
예사랑 사회봉사
예의정 갑성운수(주) 대표이사
오광교 광주광역시서구의회 의장
오규범 범일종합(주) 대표
오균우 사회봉사
오금후 사회봉사
오기현 장기기증
오기형 자영업
오길영 언론인
오동석 사회봉사
오동현 이웃사랑봉사단 회원
오만오 사회봉사
오매월 어절시구민요단
오 명 과학기술부장관
오문교 경무관
오미숙 이웃사랑 후원회
오병효 계룡대 주임원사
오봉환 영등포구 신길7동장
오삼성 하나의료기 대표

오삼재 사회봉사
오상태 시인
오석준 사회봉사
오선구 대전충남지방병무청 공무원
오선택 사회봉사
오선희 원웨이
오성길 베트남참전유공전우회 여주지회장
오성우 사회봉사
오성환 서울 금천구청
오세만 사회봉사
오세훈 서울특별시장
오양선 사회봉사
오연상 중앙대학교 용산병원 교수
오영규 자원봉사자
오영덕 사회봉사
오영장 사회봉사
오영재 사회봉사
오영준 (주)회원 대표이사
오용균 모두사랑학교장
오우상 교회 전도사
오은주 사회봉사
오재혁 부산지방병무청 창원사무소 공무원
오정숙 목표농협 조합장
오종기 전광일보 장흥 취재기자
오종환 사회봉사
오지명 사회봉사
오진강 사회봉사
오충진 사회봉사
오해두 사회봉사
오현석 훈장골 대표
오형석 수예
오혜교 안양시 교차로 기자
오후례 사회봉사
왕삼식 사회봉사
왕삼형 사회봉사
왕춘진 한전
왕춘화 주부
요스닐 미국 예술가
우근민 제주도지사
우동하 영주봉천초등학교 교사
우병욱 사회봉사
우복명 환경시사일보 부회장
우성기 사회봉사
우성만 사회봉사
우성수 사회봉사
우성숙 사회봉사
우성재 사진작가
원춘희 ㈜옥샘코리아 회장
유수경 안무 단장
유정미 가나신학대학교 부학장
유정상 청솔장학회 회장
유종암 사회봉사
유중희 전국환경감시협회 군포시지부 사무국장
유지상 사회봉사
유춘자 전남순천시청 계장
유한영 사회봉사
유현재 사회봉사
유홍철 강서경찰서 경위
유홍철 사회봉사
육정임 양천구 새마을부녀회장

육정임 사회봉사
육화영 밀알봉사단 사무국장
윤경희 이웃사랑봉사단
윤경희 주부
윤규례 사회봉사
윤기승 양천구 목동
윤기열 사회봉사
윤기영 초록섬미디어 영화감독
윤덕주 우신자동차공업사 대표
윤명희 신월 청소년 문화센터 관장
윤병문 교회 전도사
윤보일 군포고 1학년
윤삼구 사회봉사
윤삼효 지산장학회 이사장
윤삼효 사회봉사
윤상규 다모아자동차 운전기사
윤상규 사회봉사
윤상모 사회봉사
윤석울 산생명의숲 사무국장
윤선숙 사회봉사
윤수일 사회봉사
윤승덕 뼈다귀 감자탕 대표
윤영상 사회봉사
윤영순 사회봉사
윤영진 본회 부회장
윤영진 우주항공여행사 대표
윤영호 전국화물연합회장
윤용한 부곡중앙초등학교 교사
윤용현 법무사
윤운석 안산자율방범대 선부3동 지대장

윤은국 사회봉사
윤이나 군포고 3학년
윤재영 의류업
윤종영 사회봉사
윤주섭 이웃사랑후원회
윤주열 서울 남부경찰서 청문감사관
윤지상 경기외국어고 3학년 학생
윤창두 회계사
윤채원 수원외국어학교 2학년 학생
윤철상 수예
윤철식 사회봉사
윤철회 서울경찰청 경장
윤필승 선데이뉴스신문 회장
윤필호 사회봉사
윤한봉 사회봉사
윤형중 (주)인티그램 회장
윤희정 온누리병원 주임
윤희정 사회봉사
은 정 미스트롯 가수
이강구 생명회복개발원 원장
이강덕 해양경찰청장
이강무 군포새마을금고 이사장
이강수 자영업
이강원 안산 단원경찰서 선부3동파출소장
이강원 사회봉사 이강조 사회봉사
이강현 사회봉사
이건달 사회봉사
이건수 남양주경찰서 민원실장
이경규 자원봉사
이경선 전북도청 공무원

이경숙 서울동작경찰서 경장
이경옥 한국희망연맹
이경완 금속사랑모임 회장
이경완 사회봉사
이경원 사회봉사
이경자 어절시구민요단 단장
이경자 사회봉사
이경천 사회봉사
이경헌 성모안과 병원장
이관도 원음방송국 사장
이관영 사회봉사
이관진 사회봉사
이광근 (사)대한노인회 인제군 부회장
이광석 어절시구민요단
이광영 이웃사랑후원회
이광영 자영업
이광철 의료보험
이광하 전남 순천 농협 조합장
이광현 해운업
이광현 군포시지체장애인협회 회장
이광희 자원봉사
이광희 양천미술협회 사무국장
이구목 공군회관 대표
이국진 완도해양경찰서
이권일 방화6사회복지부관장
이권재 오산시장
이귀례 사회봉사
이규봉 사회봉사
이규석 화성시 동부출장소 건축행정과장
이규진 (주)주원디엔씨 이사

이 균 AML-BIO 회장
이근수 사회봉사
이근식 (주)황칠대부 대표
이근표 서울경찰청장
이금자 신월3동 통친협회 회장
이금희 사회복지사
이긍희 문화방송국 사장
이기노 리멤버(한반도 통일)위원회
이기묵 서울경찰청장
이기상 사회봉사
이기선 사회봉사
이기수 경기 여주군수
이기용 자율방범대 대부2지대장
이기웅 자동차부품 산업진흥재단 선임
이기춘 자영업
이기홍 국제로터리 3690지구
이기환 한국기독침구연구회장
이기환 소방방제청장
이길여 대학교 총장
이기환 사회봉사
이달영 요리사
이대영 사회봉사
이덕규 서예가
이덕자 영등포동 새마을 부녀회장
이덕자 주부
이동덕 대림공구 대표
이동덕 사회봉사
이동석 인천지방법원 등기과장
이동수 사회봉사
이동식 교수

이동완 사회봉사
이동우 청소년밝은미래운동 간사
이동임 환경운동
이동찬 사회봉사
이동환 안양소년원장
이동희 신길7동 자원봉사 연합회장
이두원 (주)예원종합건설 대표
이만리 장호원낚시터 대표
이만리 사회봉사
이명기 ㈜시사코리아뉴스 편집위원
이명박 제17대 대통령
이명상 사회봉사
이명순 사회봉사
이명자 그레이더스 대표
이명현 자영업
이무영 사회봉사
이문삼 수원시 해병대전우회 장안지역대
이문수 사회봉사
이미경 사회봉사
이미선 강서구 자전거연합회 사무장
이미숙 양천구청 주임
이미영 굿뉴스피플 총무과
이미자 늘사랑봉사대 자문위원
이미화 대광여자고등학교 교사
이민근 안산시장
이민선 사회봉사
이민영 굿뉴스피플 총무과 디자인팀 팀장
이민호 사회봉사
이방현 안경점
이배윤 수원시 서부경찰서 경무과장

이배윤 사회봉사
이범용 영진기획 회장
이병걸 ㈜대명바이오 회장
이병길 사회봉사
이병래 의왕새마을금고 이사장
이병철 드림포드 대표
이병삼 사회봉사
이병춘 서울지방경찰청 경감
이봉규 사회봉사
이봉길 강남건영(주) 부장
이봉만 공기업
이봉진 사회봉사
이삼용 마산시청 위생과장
이삼용 사회봉사
이상구 전도사
이상기 강서구 자전거연합회 부회장
이상기 광고업
이상덕 사회봉사
이상민 월성낚시터 대표
이상민 사회봉사
이상빈 사랑의장기기증운동본부
이상섭 사회봉사
이상일 청주여자고등학교 교장
이상철 현지어패럴 사장
이상태 광주시 북구 노인복지관
이상헌 본회 자문위원
이상현 사회봉사
이상훈 자영업
이상훈 군포고 1학년
이상희 아낌없이 주는 나무 홍보위원

이생원 사회봉사
이서근 효자
이서근 사회봉사
이석우 의왕시 자원봉사센터 소장
이석진 사회봉사
이석화 이웃사랑봉사단
이선규 동성제약 회장
이선숙 사회봉사
이선심 경기도 미용사 회장
이선우 보건소
이선인 엠바이오테크 연구실장
이 성 구로구청장
이성구 성악가추계예술대학교 교수
이성기 사회봉사
이성길 주)돈짝 합천항토한우 대표이사
이성섭 경기환경문제연구소
이성수 군포시리틀야구단 회장
이성숙 서울 강서구 방화1동 주임
이성연 노인취미클럽 용산지회장
이성완 사회봉사
이성우 예명교회 담임목사
이성우 효행자
이성욱 전 군포로타리클럽 회장
이성제 한국유지관리협동조합 회장
이성진 순천향대학교 교수(서울병원 안과)
이성환 사회봉사
이성훈 사회봉사
이세정 주부
이세항 경기도장애인정보화협회 회장
이소은 중대부속병원 간호사
이수남 맹수한의원장
이수남 사회봉사
이수만 사회봉사
이수익 아미엔 회장
이수찬 힘찬병원 원장
이순명 어울림여성봉사회장
이승기 사회봉사
이승래 국제로타리 3690지구
이승례 광주북구청 기획감사실
이승복 전세계누비는평화 봉사단원
이승수 안양시 민주포럼 대표
이승옥 사회봉사
이승우 자영업
이승자 사회봉사
이승진 연예 예술인
이승진 사회봉사
이승채 법무법인 안양 대표 변호사
이승태 국제로타리 3690지구
이시종 충청북도지사
이시하 한국음악저작권협회 이사
이양석 사회봉사
이양옥 내과의사
이언주 경기광명 국회의원
이영구 사회봉사
이영길 사회봉사, 자영업
이영덕 사회봉사
이영만 서울은평치과의원 원장
이영미 사회봉사
이영민 종로쉘부르 TV 대표
이영보 양천구생활체육협의회 사무국장

이영상 사회봉사
이영숙 한국은빛소망회 이사장
이영숙 사회봉사
이영옥 리멤버(한반도통일) 위원회 문화예술단장
이영주 대한적십자사 봉사회구리시협회 회장
이영철 사업
이영호 대진익스프레스
이영훈 사회봉사
이영희 사랑의장기기증운동본부
이옥규 주부
이옥만 사회봉사
이완우 환경시사일보 주필
이용도 사회봉사
이용두 자영업
이용만 자영업
이용빈 대한민국국회 국회의원
이용선 사회봉사
이용주 사회봉사
이용준 김포시의회 의장
이용준 사회봉사
이용찬 도자기
이용철 사회봉사
이용호 한줄기 영농법인 대표
이용호 김포시의회 부회장
이용훈 대법원장
이운용 어절시구민요단 고문
이웅열 이웃사랑후원회
이웅열 공인중계사
이원문 육군 제3878 부대장
이원재 경기지방경찰청 총경
이원표 원일유치원 원장
이월자 (주)이너프 대표이사
이윤규 11군단 작전참모 대령
이윤숙 사회봉사
이윤식 조각가
이윤재 신길7동 새마을지도자협의회장
이윤정 자원봉사
이은관 역할(주)
이은명 리멤버(한반도통일) 위원회 통일국제사업단장
이은용 산본 힘정형외과 원장
이은주 양천구 새마을부녀회장
이은주 사회봉사
이응수 인제대학 일산병원 부원장
이의봉 사업
이인수 경천기획 대표
이인호 생생유통 대표
이장근 사회봉사
이장식 사회봉사
이장호 행복한사과나무 회장
이재곤 희망마을만들기위원회 부위원장
이재구 사회봉사
이재국 제과점
이재길 무궁화사랑중앙회 회장
이재돈 포천시통장연합회장
이재복 사회봉사
이재상 카메라감독(본회 홍보대사)
이재선 사회봉사, 소설가
이재숙 사회봉사
이재순 변호사
이재승 용호고 1학년

이재오 국회의원, 특임장관
이재우 제조업
이재원 사회봉사
이재진 기관사
이재철 사회봉사
이재한 사회봉사
이재형 사회봉사
이재화 대성마리프(주) 회장
이재훈 (주)이한테크 부지점장
이전구 신도나염 대표
이전구 사회봉사
이정규 영등포1동 주민생활지원 팀장
이정미 주)에코153 대표이사
이정식 사회봉사
이정아 이웃사랑봉사단
이정애 갈뫼중학교장
이정원 무안주부클럽 지부장
이정원 사회봉사
이정윤 남양주경찰서 경사
이정은 밀알봉사단
이정자 성가정이양 원장
이정준 (주)모루시스템 대표이사
이정천 사회봉사
이정철 사회봉사
이정춘 대한민국경찰복음화협회 회장
이정화 사회봉사, 농업
이조철 사회봉사
이종건 신서검도관 관장
이종남 전 감사원장
이종두 서울그레이스치과 운영이사
이종무 대한경찰신문 전무이사
이종순 국방조달본부
이종완 (주)우림 대표이사
이종완 사회봉사
이종우 사회봉사
이종운 사회봉사
이종원 사회봉사
이종찬 사회봉사
이종천 에이치티에프(주) 회장
이종철 사회봉사
이종현 효행자
이종호 아낌없이 주는 나무
이종호 회사원
이종화 사회봉사
이종환 삼영화학 회장
이종훈 사회봉사
이주호 가수(본회 홍보대사)
이준상 사회봉사
이준호 이웃사랑봉사단
이준호 의사
이지언 안산시 단원구청
이지영 역학
이지현 사회봉사
이진경 세무사
이진경 착한낙지 이매정 대표
이진아 사회봉사
이진우 담양진우네국수
이진원 군포시시각장애인협회 회장
이진혁 사회봉사
이진형 어린이재단

이찬규 이웃사랑후원회
이찬규 자영업
이찬종 사회봉사
이창남 사회봉사
이창동 전 문화관광부장관
이창두 사회봉사
이창복 광고세상 대표
이창선 화가
이창수 사회봉사
이창우 안산시 단원고 고장 1통장
이창욱 금강상조(주) 대표이사
이창임 무안주부클럽 부회장
이채명 안양시의회 의원
이채옥 사회봉사
이채욱 강서우체국 국장
이 철 전광일보 사장
이철기 경기지방경찰청 경사
이철상 사회봉사
이철승 사회봉사
이철식 WMC방송, ALF 방송 대표
이철식 본회 부회장
이철원 무안교촌마을 회장
이철중 광주서부노인복지관 관장
이철한 사회봉사
이춘국 주택사업
이춘근 사회봉사
이춘기 이웃사랑봉사단 이사
이춘상 자영업
이충국 목포시 동부시장상인 회장
이충국 사회봉사
이충식 사회봉사
이태규 속시원내과 원장
이태복 사회봉사
이태수 중원파풍물
이태영 사회봉사
이태정 사회봉사
이태현 혜원유치원 이사장
이태환 의정부지검 고양지청검사
이택순 경찰청장
이택진 사회봉사
이필상 안산시연구원 이사장
이필운 안양시 시장
이필형 사회봉사
이하배 경찰청 경감
이하절 공기업
이학태 사회봉사
이한구 교회집사
이한수 사회봉사
이한일 사회봉사
이해두 출판업
이해식 전문매니저
이헌진 사회봉사
이혁진 학생
이현복 봉사자
이현복 전남 영광종합병원 원무과장
이현상 사회봉사
이현석 사회봉사
이현용 한국효운동단체총연합회 사무총장
이현자 사회봉사
이현재 사회봉사

기형실 우리일보 사회부 국장
이형실 사회봉사
이형우 용우도예방 대표
이형우 사회봉사
이형일 사회봉사
이형태 사회봉사
이혜정 원불교 교무원장
이혜정 (사) 여성문화 예술기획 대표
이호상 회사원
이호서 사회봉사
이호정 사회봉사
이호현 강남구청
이호현 사회봉사
이홍배 한세단기주야간보호센터장
이화배 경찰청 감찰 경감
이화랑 국제문화CT대학교 총장
이화선 (주)화선 대표이사
이화용 (주)이너프 회장
이회영 (주)젤존 대표이사
이훈구 의정부 세무서
이훈규 고속순찰대 경장
이흥철 사회봉사
이희숙 이웃사랑 봉사단 회장
이희자 사회봉사
이희재 군포시의회 의원
이희창 사회봉사
인갑동 황토골
인연숙 사회봉사
인재식 사회봉사
임경수 이웃사랑 후원회 부회장
임경수 사회봉사
임경순 구리하나연예인봉사회
임경순 사회봉사
임경주 사회봉사
임경호 서울강서경찰서 경감
임관표 장덕고등학교 교장
임기동 허림합동법률사무소
임길선 안성시청 기획담당관 예산팀장
임대영 이웃사랑봉사단 회원
임대영 가수
임덕봉 사회봉사
임돈희 동국대학교 교수
임득연 서울시약사회 간부
임명희 광야교회 목사
임명희 광야교회 목사
임병권 청정식품 대표
임병권 사회봉사
임봉재 양천구 신월3동 방범대장
임상규 사회봉사
임상영 사회봉사
임상택 좋은예술단 단장
임상희 김포시 고촌 면장
임상희 사회봉사
임선구 사회봉사
임성근 와동체육회장
임성숙 사회봉사
임성일 사업가
임성주 자영업
임성찬 사회봉사
임성택 완도해양경찰서장

임성호 복지저널 대표
임성훈 전라남도 나주시 시장
임수희 전남신안군청 도시계발과 계장
임순도 민선네 시골밥상 대표
임순희 경찰공무원
임영숙 사회봉사
임영진 사회봉사
임영희 대한경찰신문 부위원장
임옥순 사회봉사
임용석 사회봉사
임용재 가수(본회 홍보대사)
임용재 소설가
임은숙 사회봉사
임정상 설계사
임정조 본회 경기남 본부장
임정조 사회봉사
임종국 미건기획 대표
임종기 기관사
임종길 사회봉사
임종만 사회봉사
임종명 남양유업 공주공장
임종석 경찰청 총무과 경감
임종호 (주)경기헤럴드 대표이사
임종호 사회봉사
임창수 사랑과 봉사중앙회 부회장
임창순 디자이너
임창열 사회봉사
임철자 원봉사
임철수 자영업
임철승 사회봉사
임춘동 세무사
임태문 자영업
임태성 목포시의회 도시건설위원회
임학성 법무사
임향순 대표 총재, 전 광주국세청장
임현재 리멤버(한반도 통일) 위원회 회장
임효길 안산시 선부3동 행정담당
장계순 사회봉사
장계현 가수(본회 홍보대사)
장광복 밀알봉사회 회장
장광복 사회봉사
장광일 사회봉사
장금석 (주)경우상사 대표이사
장 기 선부3동 주민자치위원회 부위원장
장기숙 미용업
장기철 (사)한국지체장애인협회 회장
장대현 사회봉사
장명근 자영업
장명자 약국 운영
장병준 이웃사랑 후원회
장병현 교회 집사
장봉수 사회봉사
장봉일 자영업
장상우 화가
장석규 군포시교통장애인협회장
장석기 전 군포시예총 회장
장성운 사회봉사
장세창 전 궁내초등학교 교장
장승석 사회봉사
장승우 해양수산부장관

장영권 서울지방경찰청 경사
장영규 안산시 선부3동새마을협의회 회장
장영기 예지 건설 대표
장영길 사회봉사
장영민 사회봉사
장영순 범죄예방 광주여성갱생분과 회장
장영식 사진관
장영식 사회봉사
장영자 자영업
장영환 ㈜ 바이오시드 대표
장은숙 사회봉사
장은아 뉴데일 대표이사
장일환 자영업
장재원 길음종합사회복지관 관장 스님
장재진 사회봉사
장재천 언론인
장정만 회사원
장제국 동서대학 교수
장종일 사회봉사
장지영 자영업
장태산 사회봉사
장태우 의료업
장학사 자영업
장현상 사회봉사
장홍훈 군포의왕교육지원청 주무관
장효덕 영남대학교 교수
전경문 사회봉사
전경숙 의왕시의회 의원
전국구 사회봉사
전미애 남양주 예총 회장

전병규 도솔원 이사장
전석운 사회봉사
전선복 도자기
전소민 (주)주원디엔씨 이사
전수영 사회봉사
전연호 생방송 이벤트
전영복 노인취미클럽 위원
전영숙 사회봉사
전영숙 대한민국행복한동행중앙회장
전영자 소설가
전예림 흥진고 1학년
전옥숙 사회봉사
전우영 검단1동사무소
전원창 사회봉사
전재식 (사)자연보호중앙연맹군포시협의회 이사
전재천 한스빌타운 회장
전주지 건강관리협회
전태구 사회봉사
전태호 사회봉사
전한삼 제조업
전한영 사회봉사
전희순 전 안양시4동 통장협의회 회장
정갑순 장한 어머니
정갑철 음성경찰서 경장
정강록 경찰청 경정
정구영 세무사
정근오 자문위원
정기교 사회봉사
정기봉 의사
정기철 (주)종합법률

정길주 영화꽃식물원 대표
정남수 전남 무안군청 행정주사보
정다현 주)진설초해 대표이사
정대호 사회봉사
정덕남 안양시의회 의원
정동원 사회봉사
정동철 향촌숯불갈비 대표
정두언 국회의원
정두환 화원
정명환 사회봉사
정민영 예술인
정민진 서울 강서경찰서 경무계장
정병관 여주군청 팀장
정병관 여주군사랑의징검다리봉사대회장
정부성 전남 무안군청
정사분 분장메이크업봉사
정상규 다문화복지신문 대표
정상규 내외환경 환경뉴스 전무
정상명 대검찰총장
정상병 사회봉사
정상준 수원시청 주사
정서임 리멤버(한반도통일) 위원회
정선채 한국자유총연맹 전남지부장
정성구 전 총신대 총장
정영수 횃불장학회 군포시 회장
정영숙 서울 강서구청 사회복지과 과장
정영신 사회봉사
정옥자 한국수로낚시연맹 총무부장
정완기 안양시의회 의원
정완조 조각가
정용선 경기지방경찰청 경정
정용선 충남지방경찰청장
정용숙 주부
정용숙 이웃사랑 봉사단 총무
정용철 사회봉사, 부동산
정용환 정비업
정우순 시인
정운태 사진작가
정윤수 (주)풍산시스템 대표이사
정 은 가수
정의석 사회봉사
정의식 국립중앙의료원 의학박사
정의채 서강대학교 석좌교수
정인사 회봉사
정인영 사회봉사
정인재 운수업
정인재 사회봉사
정일영 사회봉사
정재규 대한치과의사협회장
정재기 사회봉사
정재남 총경
정재수 광주 철도공사 본부장
정재오 무안군 주부클럽 봉사원
정재창 사회봉사
정재활 성북구 노점상 상우회 회장
정전재 동북아문화교류회장
정정환 사회봉사
정정희 강서양천신문사 이사
정제원 길음사회복지관장
정종권 (주)오토페이 대표

정종만 자영업
정종문 사회봉사
정주미 우리춤연구회 대표
정지용 공군91 항공시설 전대, 상사
정진광 사회봉사
정진수 사회봉사
정진태 스포츠골프신문 부사장
정찬선 필리핀 선교사
정찬선 사회봉사
정창우 사회봉사
정춘우 사회봉사
정충명 연세치과네트워크 회장
정태식 스포츠골프신문 발행인
정태운 사회봉사
정택환 안산시 선부3동 체육회장
정필수 안산시 선부3동 자치위원장
정하수 전남 무안군청 과장
정해용 사회봉사
정해풍 장애인 봉사자
정현숙 홍익종합병원 의학박사
정호만 사회봉사
정홍성 컨설팅
정화규 자영업
정 훈 한국범죄추방국민운동본부
정훈종 사회봉사
제갈명 (주)일루민코리아 대표
제타룡 서울도시철도공사 사장
조갑출 아트코리아 방송연예가 대표
조경수 사회봉사
조광석 사회복지법인 베데스다요양원
조광식 사회복지사
조광희 경기도의회 의원
조국성 화원
조규옥 시인
조규우 사회봉사
조규환 은평천사원 원장
조기철 베트남참전유공전우회 여주군 부회장
조남영 법무사
조남훈 사회봉사
조대섭 사회봉사
조대환 사회봉사
조매닉스 유나이티드에어라인 한국지점장
조문호 광일식품(주) 대표
조민식 삼흥환경(주) 이사
조병남 영광수산협 조합장
조병남 사회봉사
조병수 사회봉사
조병훈 사회봉사
조복규 이웃사랑후원회 상임부회장
조복길 예술인
조복자 법무사
조상호 사회봉사
조석동 기자
조석무 사회봉사
조성구 세무사
조성욱 수원시해병대전우회 팔달지역대
조성원 전광투데이신문사 국장
조성준 수원시 수원서부모범택시 회장
조성창 사회봉사
조성현 청송건설 대표

조성호 사회봉사
조수연 용인 홍천고 3학년
조순희 송파초등학교 교사
조승래 사회봉사
조승현 비어엔조이 대표
조애숙 수리라이온스 전 회장
조양상 굿모닝시티 쇼핑몰관리단 대표이사
조억동 전 3선 광주시장
조연준 고천면 발전협의회장
조영길 국방부 장관
조영범 신안농업협동조합 조합장
조영수 이화의원
조영일 중기업
조영재 사회봉사
조영현 항공사
조옥녀 디자이너
조옥현 늘사랑봉사회 자문위원
조용구 경기도 수원시 카돌릭사도회
조용구 광고업
조용기 사회봉사
조용상 경향신문 사장
조용호 (주)비락 사장
조용환 사회봉사
조용희 환경시사일보 부사장
조위강 중국천연투자기금관리유한공사 총재
조은영 경희건강원 대표
조장수 사회봉사
조장영 군포호남향우회 고문
조장이 (사)대한민국 백단심 무궁화사업연맹 총재
조정오 여주군 지체장애인협회 회장
조정운 장기기증
조정운 사회봉사
조정일 사회봉사
조주현 호세아동산 원장
조주현 사회봉사
조창동 사회봉사
조철남 사회봉사
조철홍 용역회사
조철환 환경운동본부 인제지회
조한영 사회봉사
조항진 한국종합개발(주) 대표
조현오 경찰청장
조현자 사랑의손잡기실천본부 이사장
조훈영 사회봉사
조희란 사회봉사
조희련 군포경찰서장
조희순 사회봉사
주동현 열린치과 원장
주미란 사회봉사
주미자 어절시구민요단
주상복 사회봉사
주상욱 아낌없이 주는 나무 자문위원
주상욱 자영업
주석찬 현대홈타운 주민자치회장
주선자 수예점
주우용 사회봉사
주창술 사랑의식당 봉사자
주창우 사회봉사
주한갑 예성교회 장로
지병구 안산시 단원구 선부3동장

지병진 사회봉사
지상용 사회봉사
지예현 법무부다담 변호사
지재봉 종광사 대표
지정환 신부
지창원 사회봉사
진대제 정보통신부장관
진미선 자원봉사자
지미현 경기도의원
진민영 사회봉사
진상수 사회봉사
진상열 전남 무안군청 과장
진상제 강서구 화곡1동 예비군 동대장
진용남 사회봉사
진용한 회계사
진재복 사회봉사
차동활 경기도당구연맹 회장
차상정 의정부용현초등학교 교장
차영삼 사람사
차종창 한국로낚시연맹 감사
차화덕 주실업
채동명 태양당한약방 원장
채영근 사회봉사
채한상 사회봉사
채홍정 경기 구리경찰서 경장
천금례 수리라이온스클럽 회장
천막례 자원봉사
천방현 (사)한국이용사회 안양지부장
천재호 마산경찰서 경위
천정자 사회봉사
천혜인 대한불교 보문종 스님
천홍규 (주)동우산업 대표이사
청소년가족제주청소년봉사단
최경복 사회봉사
최경숙 조선대학교
최고천 광고(주)
최관욱 사회봉사
최광우 사회봉사
최권일 사회봉사
최규상 사회봉사
최규원 사회봉사
최기도 사회봉사
최기문 경찰청장
최기범 산본고 전 운영위원장
최기복 원주밥상공동체 목사
최기상 사회봉사
최기영 이웃사랑후원회 남해 지회장
최기정 수리고등학교 3학년 학생
최길순 대한검경신문 충주시 취재국장
최대길 사회봉사
최동섭 사회봉사
최동식 수원시해병대전우회 영통지역대
최동옥 미2사단 경비대장
최동혁 선원 선박
최락현 사회봉사
최만규 (주)행복운수 경영이사
최만길 사회봉사
최명자 요식업
최명희 연예 예술인
최명희 사회봉사

최문순 강원도지사
최미숙 온누리병원 간호사
최미숙 사회봉사
최미애 장원국학원 원장
최미화 자영업
최민석 천주교 광주대교구 하남성당 주임신부
최백호 사회봉사
최병덕 안산시 단원구청 주민생활지원과장
최병선 강사
최병숙 사회봉사
최병일 자영업
최병철 사회봉사
최상만 법무부 교정위원
최상석 서예가
최석규 사회봉사
최석우 한국경찰문화신문사 발행인
최선민 (주)백웅
최선희 (사)경기원로회 국장
최성규 서울구로경찰서 경위
최성규 효실천운동 상임회장
최성규 (재)한양문화재연구원 실장
최성길 이웃사랑봉사단
최성남 효도실버신문 발행인
최성용 사회봉사
최세기 (사)한국재능기부협회 이사장
최수만 한국전파진흥원
최순선 서울도시철도공사 역장
최순옥 사회봉사
최순탁 거창상공협의회 회장
최승열 은행원
최승환 (주)구루앤파트너스 회장
최심영 양천구간호사회 회장
최연경 사회봉사
최연성 기관사
최연옥 사회봉사
최연자 제조업
최영규 명동보리밥 본부장
최영식 그림넷코리아 대표이사
최영신 더베스트 요양원 원장
최영호 광주광역시 남구청장
최영환 자원봉사
최영환 회사원
최영희 자원봉사
최영희 주부
최완식 굿뉴스피플 대표
최용갑 광주경찰서 경사
최용도 자원봉사
최용수 사회봉사
최용자 중원라풍물 회장
최원태 경찰청 총무과 과장
최운식 한국법무보호복지공단 이사장
최유인 사회봉사
최윤근 클리닉 원장
최윤정 환경보호 전남 지부장
최은아 부안군 변산농협 위도 지점장
최인규 금강종합유통 대표
최인순 중대부속용산병원
최일도 다일복지재단 목사
최장원 사회봉사
최재림 설화건설 대표

최재림 사회봉사
최재민 흥진고 1학년
최재식 대성부대찌개 대표
최재우 사회봉사
최점석 예술인
최정기 남대문경찰서
최정서 사회봉사
최정식 사랑의장기기증운동본부
최정열 인천지방법원
최종상 사회봉사
최종수 한국수로낚시연맹 관리부장
최종현 경기도의원
최주연 사회봉사
최주영 사업
최준복 언론인
최준선 도시철도공사
최준영 사회봉사
최진학 사랑과 봉사중앙회 자문위원
최창식 서울특별시 중구청장
최천용 사회봉사
최철규 오티콘보청기 대표
최철우 사회봉사
최철환 계룡대 중령
최충일 전북 완주군수
최칠녀 강서구 자전거연합회장
최태귀 한국전통악기 연구원
최태복 사회봉사
최한상 공기업
최한용 화백
최행복 사회봉사
최혁기 신도림무료급식소
최형식 전남 담양군수
추상원 사회봉사
추상일 조각가
추재엽 서울양천구청장
추재엽 사회봉사
크리스티나 방송인
탁상택 사회봉사
탁순복 은빛사랑 효요양센터 디자이너
탁훈태 사회봉사
태석기 일산 동국대한방병원 박사
태 암 극락암 주지스님
편정애 신월3동자율방범대 여성대장
표세철 사랑의 장기기증운동본부
표연정 사회봉사
표옥정 경기 광명시 보건소 과장
표창대 지체장애인협회 구리시지회장
하경미 에코153 대표이사
하귀호 전 GMS 이사장, 전 인천시조찬기도회 회장
하만영 법무법인 누리 대표변호사
하성열 의왕시 해병전우회 회장
하영신 어절시구민요단
하영일 사회봉사
하용국 하스라인기계건선(주) 회장
하재봉 사랑의열매나눔봉사단 대표(본회 홍보대사)
하종대 사회봉사
하철영 기관사
하태훈 인천 대전고등학교
하현이 생동한의원 원장
한강수 사회봉사

한경덕 노무사
한경례 이웃사랑후원회 부회장
한경우 사회봉사
한국도로공사 호남지역본부
한남규 베트남참전유공전우회여주지회 부회장
한남석 수원국도유지관리사무소
한동구 사회봉사
한두현 (사)대한노인회 전남도연합회 회장
한상돈 월남전참전자회 군포시 지회장
한상언 이웃사랑후원회
한상언 자영업
한상익 전 흥진고 교장
한상철 사회봉사
한석일 창고업
한수연 소설가
한수지 칭찬합시다운동중앙회 부장
한숙경 전남도의원
한순석 (사)한국예술인협회 가수
한승원 대한가수협회 홍보 본부장
한신정 사회봉사
한인섭 서울중앙교회 담임목사
한양서 사회봉사
한영길 중기업
한영숙 자원봉사자
한영숙 사회봉사
한영옥 낙원양로원 원장
한영자 사회봉사
한영희 화성시청
한우규 사회봉사
한원희 국방조달본부
한인수 금천구청장
한재길 회사원
한재희 한국사진작가 구리시 지부장
한종근 강서구 화곡1동장
한종임 양지동산 이사장
한종준 사회봉사
한지연 아낌없이 주는 나무
한진호 서울경찰청장
한창민 의사
한춘구 사회봉사
함남규 베트남참전유공전우회 여주지회
함상운 사회봉사
함상현 공기업
함정열 서예가
허기복 원주밥상공동체 목사
허남석 전남 곡성군수
허남식 부산광역시장
허달영 경기도 수원시 임마누엘 회장
허동민 학생
허무상 사회봉사
허수남 환경시사일보 회장
허수창 수원시 수원그린콜택시 회장
허순홍 세무사
허영만 사회봉사
허　정 사회봉사
허준영 화원
현기철 역학
현동문 사회봉사
현숙자 건축업
현　완 본회 수원시지회 본부장

현음회 회원일동
현중철 사회봉사
혜연해 수암 스님
홍건상 사회봉사
홍광식 사회봉사
홍광철 한국철도공사 서울본부 차장
홍구삼 사회봉사
홍기순 사회봉사
홍길표 안양의용소방대장
홍명유 상이군경회
홍명철 사회봉사
홍명표 해남 화원농협 김치가공 공장장
홍미영 국회의원
홍민자 우장초등학교 교장
홍보경 이웃사랑봉사단 이사
홍보경 사회봉사
홍상일 사회봉사
홍석현 중앙일보 회장
홍 선 해남화원농협 전무
홍성고 외식중앙회 부장
홍성찬 사회봉사
홍승기 불교방송국 사장
홍승한 사회봉사
홍영기 서울경찰청장
홍영태 서우종합건설 공동대표이사
홍용일 사회봉사
홍이식 전라남도 화순군수
홍인자 중기업
홍인표 국립의료원 의사
홍장학 동성고등학교 교사
홍재봉 사회봉사
홍점순 우린부동산 대표
홍준근 한국쌀전업농중앙연합회 회장
홍진기 인쇄업
홍진대 사회봉사
홍창만 사회봉사 인쇄업
홍창수 사회봉사
홍창진 별양동성당 신부
홍춘원 사회봉사
홍태옥 강원태백경찰서 서장
홍한경 안산시단원구 선부3동장
홍한구 사회봉사
홍현송 사회봉사
홍형식 노무사
황경수 남양주시 공무원
황기태 사회봉사
황덕연 전광일보 전무겸 총무국장
황명희 메디팝사랑약국 운영대표
황상우 사회봉사
황석규 사회봉사
황선기 (사)태극기 선양운동중앙회장
황선유 목1동 적십사 봉사단 회장
황송이 곰달래감자탕 대표
황수상 공무원
황수영 건축업
황수일 사회봉사
황순남 계양구부의장
황순옥 한국희망연맹 회장
황승철 사회봉사
황영희 사회봉사

황용걸 사회봉사
황용규 여주대학 경비반장
황용모 삼일교회 담임목사
황우만 사회봉사
황우석 컨설팅
황우순 초록반디의집
황우철 기관사
황인재 사회봉사
황재규 법무사

황찬길 화백
황철곤 경남 마산시장
황춘진 인제대학 일산병원 교수
황 연 미2사단 경비대 서부지구대장
황홍근 수원시 해병대전우회
흑석2동 새마을지도자협회의
희망지키미 동두천 보영천사운동본부

자랑스런
칭찬 주인공

칭찬합시다 운동중앙회

나경택 총재가 그린 정책제안 그 다섯 번째

정책 상정

초판 발행 : 2023년 2월 13일
글쓴이 : 나경택
발행인 : 김화인
발행처 : 도서출판 조은
인쇄인 : 박경진
주　소 : 서울 중구 을지로20길12 405호(인현동1가, 대성빌딩)
전　화 : (02)2273-2408
팩　스 : (02)2272-1391
판매처 : 새한일보 Tel. (02)2676-8114
가　격 : 20,000원
출판등록 : 1995년 7월 5일 등록번호 제2-1999호
ISBN : 979-11-91735-53-6